기계이거나
생명이거나

# 기계이거나
# 생명이거나

지은이 / 이찬웅
펴낸이 / 강동권
펴낸곳 / (주)이학사

1판 1쇄 발행 / 2021년 9월 10일

등록 / 1996년 2월 2일 (신고번호 제1996-000015호)
주소 / 서울시 종로구 율곡로13가길 19-5(연건동 304) 우 03081
전화 / 02-720-4572 · 팩스 / 02-720-4573
홈페이지 / ehaksa.kr
이메일 / ehaksa1996@gmail.com
페이스북 / facebook.com/ehaksa · 트위터 / twitter.com/ehaksa

ⓒ 이찬웅, 2021, Printed in Seoul, Korea.

ISBN 978-89-6147-394-1 93100

이 책의 저작권은 저자가 가지고 있습니다.
저작권법에 의해 보호를 받는 저작물이므로 이 책 내용의 일부 또는 전부를 재사용하려면
저작권자와 (주)이학사 양측의 동의를 얻어야 합니다.

\* 책값은 뒤표지에 표시되어 있습니다.

\* 이 저서는 2018년 대한민국 교육부와 한국연구재단의 지원을 받아 수행된 연구임
 (NRF-2018S1A5B8069796).

# 기계이거나
# 생명이거나

이찬웅 지음

이학사

## 차례

머리말 7

### 제1부 이론 21
1장 신체와 매체: 태어난 것과 만들어진 것이 뒤섞일 때 23
2장 생명과 기계를 구분하는 세 가지 방식 74
3장 기계의 노동, 생명, 언어 102

### 제2부 사례 129
4장 회복의 느낌: 시몽동의 기술미학 131
5장 점으로 부서지는 세계: 플루서의 개체 이론 176
6장 선, 껍질, 분열증 백남준의 전자 이미지 205

맺음말 225

각 장의 출처 239
참고 문헌 241
찾아보기 247

# 머리말

### 1. 우리가 인간일 때

나는 내가 인간이라고 별로 생각해본 적이 없다. 나를 인도에서 온 코끼리나 다른 은하계에서 온 외계인처럼 생각한다는 멋진 뜻이면 좋겠지만, 그런 것은 아니다. 내가 읽을 책을 고르거나 걸어야 할 길을 선택할 때 '아, 나는 인간이니까 이렇게 해야겠구나'라고 의식해본 적이 별로 없다는 뜻으로, 그저 내 안에 있는 어떤 성향과 충동과 욕망 같은 것들에 따라 생각하고 행동하고 있다는 말이다. 그리고 나는 내 안에 있는 성향과 충동과 욕망이 사월이면 피는 연노란색의 둥굴레꽃이나 거실을 가끔 돌아다니는 로봇 청소기의 그것과 그렇게 많이 다를까 하는 생각을 한다. 쇼펜하우어가 자연의 모든 존재가 하나하나 의지로 가득 차 있다고, 그리고 오직 그것만이 세계의 본질이라고 말했을 때 그는 분명 나와 비슷한 생각을 했을 것이다.

물론 이렇게만 말하는 것은 핵심적인 문제를 피해 가는 것 같기도 하다. 인간의 고유성에 대해 깊게 생각했던 플라톤이나 칸트 같은 철학자들이 염두에 두었던 것은 이런 차원, 적어도 책이나 길을 충동적으로 고르는 차원은 아니었을 것이다. 이 철학자들은 사람 안에 있는 성향과 충동과 욕망은 여러 갈래로 나뉘어 서로 갈등을 일으키기 마련이니 이것들을 견인하고 규제할 보다 상위의 차원이 존재해야만 한다고 설파했다. 그리고 유일하게 인간이라는 종만이 그러한 차원의 이념을 발견해서 그것을 자기 삶을 조형하는 원리로 삼을 수 있다고 여겼다. 사실 우리에게 인간이라는 정체성이 직접적으로 문제가 되는 상황은 도덕적 책임과 법률적 의무가 걸려 있는 경우이다. 사람들은 대체로 '어찌 인간이 그럴 수 있단 말인가'라고 분노에 차 말할 때 '인간적인' 사고와 행동의 범위를 생각한다. 우리는 인간이라는 정체성에 입각해 공동사회의 구성원으로서 인정받는다.

물론 인간성을 특별한 것으로 규정할 때 도덕이나 법률처럼 규제적이고 제한적인 의미에서만 말하는 것은 아니다. 많은 사상가가 인간성을 긍정적이고 구성적인 것으로 말하기도 했다. 우리는 그것을 긴 목록으로 나열해볼 수 있다. 합리적으로 사고하고, 언어를 통해 소통하고, 자기의식이 있고, 도구를 사용하고, 추상적 수의 체계를 이해하고, 호기심과 창의성을 보이고,

웃음과 반어를 좋아하고, 법칙과 의미를 탐구하고, 아름다움을 사랑하고, 자유와 평등을 추구하고, 삶의 부조리에 대해 고뇌하고, 죽음을 통해 유한성을 예감하고, 장례식을 통해 죽음을 추모하는 것 등등.

이런 특성들이 인간 고유의 것이라는 점을 증명하기 위해 철학자들은 자주 인간을 동물과 기계에 대비시키곤 했다. 아리스토텔레스는 인간은 동물 중 유일하게 근거를 가지고 합리적으로 사고하고 소통할 줄 아는 종이라고 말했다. 데카르트는 인간만이 유일하게 의심할 줄 아는 정신을 가졌으며, 그러한 영혼이 없다는 점에서 동물은 기계와 그다지 다르지 않다고 주장했다. 칸트는 모든 동물은 자연스럽게 자기 행복을 추구하지만 인간성은 그 자체로 올바른 것을 이해하고 추구하는 데에 있다고 규정했다. 하이데거는 진드기의 가난한 삶에 연민을 느끼면서 인간만이 존재를 돌보는 목동과 같다고 예찬했다.

그러나 이런 특성이 오직 인간만의 것인가에 대해서는 여러 가지 비판이 제기되어왔다. 오늘날의 동물행동학자들은 마치 지난 세기 인류학자들 같다. 20세기 전반기에 인류학자들이 남미와 아프리카 사람들의 삶에도 고유한 질서가 있다는 점을 전해 유럽인들을 당황하게 만들었던 것처럼 오늘날 동물행동학자들은 동물들이 각자 나름의 방식으로 생각하고 소통하고 연대하고 건축하고 추모한다는 사실을 밝히고 있다. 의인화된 새로은 이솝우화가 아닌가 의심스러운 몇몇 사례도 있지만 우리는 이들을 통해 소위 인간적 행위의 많은 부분이 동물적 본능과 공통의 기반을 가지고 있다는 점을 알게 되었다. 그리고 본문에서도 설명하겠지만 사이버네틱스의 등장 이후 이와 비슷한 방식으로 인간과 기계 사이의 구분선도 모호해지고 있다.

## 2. 세 가지 국면

동물과 인간과 기계를 구분했던 그 모든 이야기가 혼란스러워지고 순환적이게 된 데에는 여러 이유가 있겠지만 다윈의 진화론이 결정적인 역할을 했을 것이다. 진화론은 기존의 서양철학사의 흐름에 비추어 볼 때 매우 새로운 생각이었다. 그 이전에 서양철학사는 목적론과 기계론이라는 두 선택지 사이를 시계추처럼 오가고 있었다. 목적론이 개별 존재와 세계 전체를 이끌어가는 선한 목적이 존재한다는 세계관이라면 기계론은 그것을 부정하고 입자와 부품의 조합과 작동으로 세계가 진행되고 있다고 생각한다. 그런데 진화론은 그 어느 쪽에도 속하지 않는 묘한 생각을 제시했다. 이를 설명하기 위해 잠시 과거로 되돌아가보자.

서양 사상사에서 철학과 과학의 관계는 복잡하고 미묘하게 얽혀 있어 단순하게 규정하기 어렵다. 그렇지만 아주 개괄적으로 보면 위에서 언급한 세 가지 국면이 결정적인 분기점을 형성했다고 말할 수 있다. 첫 번째는 플라톤과 기하학이다. 고대 그리스의 플라톤은 피타고라스의 산술법과 (이후 유클리드에 의해 종합되는) 기하학의 정리에서 확실하고 불변하는 진리의 명제들을 보았다. '삼각형의 세 내각의 크기를 합한 것은 두 직각과 같다'는 명제는 일 년 전에도 오늘도, 지중해에서도 동해에서도 변하지 않는 사실이다. 이러한 수학적 확실성을 도약대로 삼아 플라톤은 개념적 동일성이 존재하는 차원을 주장할 수 있었다. 삼각형과 원이 그런 것처럼 정의, 아름다움, 경건함 등의 형상Form이 존재한다는 것이다. 이러한 형상 이론은, 그에 대한 반론과 비판이 없진 않았지만, 이후 내내 인식의 대상과 실천의 기준을 제시했다. 초등학생들이 각자 스케치북 위에 삐뚤빼뚤하게 그린 삼각형이 선생님이 칠판에 자로 반듯하게 그린 삼각형을 닮았듯이 세상의 존재자들은 다소간 형상을 닮은 것으로 이해되었고, 가능하다면 좋은 형상을 더 많이 닮도록 요구되었다. 나아가 형상은 존재자들의 변화를 이끌어가는 것이었다.

두 번째는 데카르트와 기계론이라고 할 수 있다. 16세기 갈릴레오의 물리학은 천상과 지상을 별다른 차이 없이 질량과 속도로 설명하는 성과를 보여주었다. 아리스토텔레스의 자연이 각종 형상들로 가득 찬 동물원과 같았다면 갈릴레오와 데카르트의 우주론은 형상들 사이의 울타리를 모두 무너뜨리는 물질의 기계적 운동을 내세웠다. 호랑이도 토끼도 철창에서 풀려나 신체 부속이 조립되는 작업장 안으로 들어왔고, 그들의 움직임은 물체의 운동 법칙으로 설명되었다. 우리는 이러한 사고의 전환을 이 책의 표지에 실려 있는 레오나르도 다빈치의 〈기계 사자〉(1515)에서 볼 수 있다. 그는 이보다 몇 년 전에 〈기계 기사〉를 만들기도 했는데, 이 작품들은 인류 최초의 로봇으로 알려져 있다. 그가 설계한 〈기계 사자〉는 프랑스의 국왕 프랑수아 1세 앞으로 걸어간 다음 꽃을 바닥에 놓아, 이를 지켜본 이들이 모두 놀라고 신기해했다. 동물의 신체도 기계론적으로 충분히 설명 가능할 것이라는 점에서 데카르트는 급기야 (다소 과장된 말이긴 했지만) 동물도 일종의 기계라고 주장하기에 이르렀다. 그에 반해 인간은 생각하는 영혼을 추가로 갖는 존재였고, 오직 인간만이 그러했다. 이를 통해 데카르트는 철학적 근대를 개시했다. 데카르트의 세계관은 기존의 스콜라철학과 비교하면 단순하고 명료해 큰 성공을 거두었지만 여기에서 인간은 기계적이고 인과적인 신체와 자유의지를 가진 정신이라는 두 실체를 한데 품고 있는 예외적인 존재가 되었기 때문에 인간의 위상은 지극히 불안정한 것이 되었다. 이 둘 중 어느 쪽에 강조점을 두는가에 따라 이후 근대 서양 사상사의 큰 두 흐름이 형성된다.

이제 세 번째 전환점으로 제시하려는 것이 바로 진화론이다. 이에 상응하는 사상가로 누군가를 확실하게 말하기는 아직 어려운 것 같다. 철학사에서는 베르그손이 선구적인 안목이 있었다고 말할 수 있겠고, 과학에 보다 친숙한 독자라면 리처드 도킨스나 스티븐 제이 굴드 같은 현역 진화생물학자들을 떠올릴 수도 있을 것이다. 진화론에 따르면 생명체는 돌연변이와 자연선택이라는 우연한 사건들의 누적에 따라 재생산되고 다양해진다. 그렇지만 이러한 흐름의 지속과 다양성의 분기에는 고유한 동력이 있는데, 그것은 생존과 번식의 추구, 또는 현대 진화생물학자에 따르면 DNA의 전달이다. 따라서 진화론은 기존의 관점에서 보면 모순적이게도 '맹목적인 목적'을 포함한다. 말하자면 자연에 어떤 목적이 있는가라는 질문에 대하여 진화론은 기계론보다는 더 목적이 있는 것처럼 말하고, 목적론보다는 덜 목적이 있는 것처럼 말한다. 진화론에 대한 다양한 현대적 해석이 존재하는 것은 진화론이 이 두 극 사이에서 스펙트럼처럼 펼쳐져 있기 때문이다. 이를테면 생명의 다양성이 진화의 결과인지 아니면 목적인지는 애매해서 해석에 달린 문제가 된다.

## 3. 진화론의 현대성

진화론 안에서 자연과 인간의 구분은 무화無化되거나 최소한 약화된다. 인간만이 의식을 가지고 타인을 배려하는 등의 독특한 특성을 갖는 것이 사실이라 해도 그 역시 자연의 진화의 산물이기 때문이다. 게다가 많은 동물행동학자는 인간만이 그렇다는 주장 자체에 이미 동의하지 않는다. 반면에 인간만의 본성과 소명을 이해하기 위해 굳이 자연의 진화적 경향에서부터 출발할 필요는 없다는 의견도 있다. 인류의 생산물, 즉 문학, 예술, 사회에서부터 시작해서 인간의 본성을 해명할 수 있고 그것으로도 충분하다는 것이다. 그러나 그러한 입장은 예전만큼 큰 설득력을 갖지 못하는 것 같다. 하나의 이론은 자신보다 더 근본적인 근거를 필요로 하는데, 20세기부터 과학이 최종적인 설명력을 갖게 되었기 때문이다. 오늘날에는 '진화'라는 말이 앞에 붙은 생물학, 심리학, 언어학, 뇌과학 같은 분야가 사람들을 납득시키는 역할을 하고 있다. 물론 언젠가는 다른 학문이 대체할 날이 오겠지만 말이다.

나아가 진화론은 인간과 기계 사이의 간격도 메꾸고 그 둘의 차이가 본성에 있는 것이 아니라 정도에 있는 것으로 보게 만든다. 진화론이 설명하는 생명의 본성은 근본적으로 매우 기계적이어서 단순히 복제와 변이를 반복하는 것처럼 보인다. 단순한 규칙을 반복하는 시뮬레이션만으로도 다양한 형태를 생성시킬 수 있다는 것을 진화생물학자들은 증명했다. 이것이 지난 세기에 벌어진 일이라면 21세기에는 더 큰 상상력을 자극하는 주제가 등장한다. 바로 인간의 진화의 마지막 단계가 기계는 아닐까 하는 점이다. 이와 관련해서 인간은 기계로 나아가는 진화의 중간 단계이며 그것에 '기쁘게' 만족해야 한다는 극단적인 주장까지 있다(사실 이런 황당한 주장은 만화 〈은하철도 999〉가 이미 비판적으로 다룬 적이 있다). 이런 상상력이 지난 세기 문학과 영화에서는 인간의 실존을 비추어 보는 일종의 사고실험에 가까왔다면 최근 20년간은 기술적이고 산업적인 전망처럼 제시되고 있다. 그러나 여기에 합리적인 추론과 의미 있는 제안만 있는 것은 아니다. 산업 재편을 위한 경제적 요구, 연구 수주를 위한 과장, 이 시장을 선점하려는 도발적 성격의 선언 등이 뒤섞여서 혼란스러운 것도 사실이다. 이들의 주장 중 무엇이 얼마만큼 옳았는지 밝혀지는 데까지는 많은 시간이 필요치 않을 것이다.

요컨대 진화라는 거대한 흐름이 동식물과 인간 그리고 기계까지 모두 쓸어 담고 있다. 진화론은 독특한 성격의 이론으로, 시간을 포함하고 있는 거의 유일한 과학 이론이라고 말해지곤 한다. 그것은 과학이면서 동시에 서사를 내포하고 있다. 그리고 보존되어야 할 동일성과 생겨나는 차이를 모두 설명한다(이러한 성격 때문에 칼 포퍼가 비판했듯이 모든 것을 그럴듯하게 설명할 수 있는 이론으로 남용되기도 한다). 이런 측면을 보면 진화론이야말로 현대성의 기원이 아닐까 하는 생각이 든다. 형이상학의 역사는 '자기 스스로 존재하는 것'을 찾아온 역사이다. 즉 존재 근거를 자기 자신 안에 두고 다른 존재자들의 변화를 설명할 수 있는 특별한 것을 찾는 것이다. 서양에서는 고대에는 형상, 중세에는 신神, 근대에는 주체가 그런 위치를 차지했다. 그리고 오늘날 유력한 후보가 있다면 그것은 진화이다. 이 점을 예민하게 느꼈던 철학자가 베르그손이었다. 그는 『창조적 진화』(1907)라는 저작으로 형이상학의 복권을 구상했다. 하지만 이 작업은 외로운 것이었는데, 왜냐하면 20세기에 과학자와 형이상학자의 사이는 나빠질 대로 나빠졌기 때문이었다.

진화는 자신의 존재 근거로 자기 자신 이외의 것을 가리키지 않으며, 존재자들의 기존의 구분을 완전히 무너뜨리고 있다. 지금 우리 지성이 처한 상황은 근대 초인 16-17세기와 비슷해 보인다. 당시 철학이 크게 변형되었던 것은 천문학에서 시작된 느린 과학혁명 안에서 인간의 위상과 성격을 재규정해야 했기 때문이다. 이와 매우 유사하게 21세기 우리는 진화론을 비롯한 뇌과학, 신경과학, 인공지능, 생명공학, 정보공학의 발전 앞에서 인간의 본성을 새롭게 해명해야 하는 과제에 직면해 있다. 인간을 만드는 것은 무엇이며, 인간이 만들 수 있는 것은 무엇인가? 인간, 동식물, 기계 사이의 공통점은 무엇이고 차이점은 무엇인가? 오늘날 그 경계선은 이동하고 있다.

## 4. 이 책의 내용

오늘날 생명은 점점 더 기계적인 속성을 드러내고 있고, 기계는 점점 더 생명의 속성을 띠고 있다. 이 책은 이러한 변화를 가늠해보고자 한다. 이 책의 제목 "기계이거나 생명이거나"는 들뢰즈의 '이접적 종합'을 염두에 둔 것이다. 'A이거나 B이거나'라고 말할 때 이접적 종합의 포괄적 용법은 A나 B 중 하나만을 배타적으로 선택하는 것이 아니라 A와 B 둘 모두의 미시적 특성을 분자적으로 느끼며 오가는 것을 의미한다. 즉 두 항 중 하나가 아니라 두 항 사이의 거리를 가리키는 것이다(이찬웅, 2020: 5장). 이렇듯 두 항 사이에서 머뭇거리며 말하는 것은 기존의 관념적 범주가 구분의 기능을 감당하지 못하는 식별 불가능성의 사태에 처해 있기 때문이다. 하지만 그렇다고 해서 이접적 종합의 포괄적 용법이 인지적 무능을 지시하는 것은 아니다. 오히려 그것은 그렇게 양쪽을 오가면서 감성의 변화와 지성의 확장이 이루어지는 상황을 함축한다. 요컨대 이 책의 제목은 오늘날 인간을 포함한 모든 존재가 때로는 기계로, 때로는 생명으로 경계를 오가면서 이해되고 있는 상황을 나타낸다. 오늘날 우리는 우리 안에 한편으로는 기계의 특성이, 다른 한편으로는 생명의 특성이 들어 있음을 새로운 방식으로 체감하고 있는 것이다.

제1부는 이론 위주로 생명과 기계를 이해하는 다양한 관점에 관한 글을 묶었다. 기존의 견해처럼 생명과 기계를 단순히 대립시키지 않고 둘의 특성이 교차하는 지대를 포착하고자 했다. 말하자면 '생태-기술 연속체'를 탐색하는 시론 성격의 글이 되길 바란다. 1장에서는 신체와 매체라는 주제를 중심으로 오늘날 생명과 기계가 점점 혼합되고 있는 의미와 양상을 해명한다. 2장에서는 생명과 기계를 구분하는 데에는 다양한 관점이 존재한다는 것을 설명하고 앞으로 우리가 개념, 은유, 작동이라는 세 관점이 공존하는 체제 속에서 살게 될 것이라는 점을 강

조한다. 3장에서는 미셸 푸코, 그리고 질 들뢰즈와 펠릭스 과타리의 논의를 중첩시켜 앞으로는 노동, 생명, 언어라는 세 축을 기계적인 것을 중심으로 이해해야 한다는 점을 설명하고 예증한다.

구체적인 분석을 담은 제2부는 기술과 미디어의 변화를 포착하는 이론과 실천에 관한 것이다. 4장에서는 프랑스 기술철학자 질베르 시몽동의 기술미학을 통해 현대 미학이 정신성과 물질성 사이의 새로운 균형을 요구한다는 점을 설명한다. 5장에서는 독일의 매체철학자 빌렘 플루서의 매체 이론을 참조해 인간 지각이 디지털화된다는 것의 내용과 의미를 다룬다. 6장에서는 유기체와 기술체를 과감하게 뒤섞었던 한국의 비디오아티스트 백남준의 전자 이미지의 특성이 무엇인지 포착하고자 한다.

이 책은 원래 이화인문과학원의 《에코테크네 총서》를 염두에 두고 시작했지만 몇 가지 사정으로 별도의 단행본으로 출간되었다. 여기엔 그동안 인문과학원에서 수행했던 공동 연구의 흔적이 담겨 있다. 인문과학원이 위치한 진관은 1930년대에 돌건물로 지어졌고 이화여대에서 가장 오래된 건물군에 속한다. 내가 처음 진관에 왔던 날 검은 창밖으로 흰 눈을 보았다. 건너편 아령당에 차가운 눈이 쌓이는 걸 보며 모든 것이 잘되었으면 좋겠다고 중얼거렸다. 눈이 오고 또 다음 눈을 기다리는 동안 모두와 함께 준비했던 학술 대회에서 연구의 동기를 얻고 발표할 기회를 가질 수 있었다. 진관에 오손도손 모여 있는, 그리고 있었던 연구소의 모든 선생님께 감사의 인사를 드린다. 거친 원고 뭉치를 반듯하게 다듬어 다시 한번 책으로 만들어준 이학사에도 고마움을 새기고 싶다. 그리고 DNA와 디지털 속으로 인간의 형상이 소멸해가는 시대에 거리두기에 갇혀 외로워하고 있을 어딘가의 독자에게도 멀리서 안부의 손짓을 보낸다.

# 제1부 이론

# 1장 신체와 매체:
# 태어난 것과 만들어진 것이 뒤섞일 때

인문학은 말 그대로 인간과 언어를 주제로 삼는 학문이다. 그렇지만 서양에서 양자의 관계는 역사적으로 상이했다. 고대에서 중세까지 지배적이었던 생각은 인간이 언어의 전개, 즉 로고스logos에 의해 조형되고 변형되어야 한다는 것이었다. 인간은 어떤 수련과 변신을 통해서만 언어가 안내하는 진리의 길에 들어설 수 있게 된다. 반면 17세기 근대에 들어서는, 그리고 18세기 말 이후 모더니즘 시기에는 더욱 뚜렷하게 인간이 언어에 앞서 위치하게 되었다. 인간은 이미 진리의 언어를 소유하고 있을 뿐만 아니라 그것의 배타적인 소유자이다. 언어는 인간의 특성을 표현하는 것이며, 언어의 분석을 통해 우리는 인간의 본성을 이해할 수 있다. 철학, 문학, 역사는 바로 언어의 전개를 따라 인간성의 도야를 가늠하는 작업을 의미한다. 이런 이유에서 20세기 중반 언어가 인간에 의존하지 않고 언어의 고유한 장場,

내적인 구조를 가지고 있다는 명제가 여러 분야에서 공통적으로 제기되었을 때에는 "인간의 죽음"(미셸 푸코)과 인문학의 위기가 동시에 선언되었다(푸코, 2012: 10장; 2007).

그러한 위기의 선언은 사실 변형의 요구이다. 오늘날 인간과 언어 사이의 관계는 더 이상 탐구의 닻을 내릴 수 있는 배타적 지점이 아니다. 양자의 선후 관계나 포함 관계를 따지는 것은 큰 의미가 없어 보인다. 그 대신 요구되는 바는 양자 사이의 수직적 관계를 규정하는 것이 아니라 그 바깥으로 나가 새로운 수평적인 결연 관계를 해명하고 확립하는 것이다. 이제 인문학은 오래되고 익숙한 자리를 떠나 새로운 장소를 찾아 나서야 할 것이다. 여러 방향의 탐색이 있지만 어느 경우든 우리는 아마 그 도착지를 '말 없는 것들의 공동체' 또는 '웅얼거리는 것들의 공동체'라고 부를 수 있을 것이다. 인간의 언어 바깥에 있는 그 무엇들을 포함한다는 뜻에서 말이다.

영향력의 정도와 문제의 깊이를 고려할 때 오늘날 자연과 기계, 생태와 기술이 유력한 연구의 대상이 되어야 한다는 데에는 거의 이견이 없을 것 같다. 한편으로 인간은 기술을 통해 자연Nature 전체를 개간하는 '인류세anthropocene'의 시대에 접어들었고, 다른 한편으로는 인간의 본성nature을 기술적으로 변형할 수 있는 '포스트휴먼'의 시대에 접어들었다. 이 두 말은 거대한 변형의 앞뒷면을 가리킨다. 일반적으로 기술은 인간과 자연을 매개하는 것이라고 하지만 오늘날 기술은 양쪽으로 확장되어 인간과 자연 전체를 뒤덮고 있으며, 통제 불가능한 어떤 지점을 향해 달려가고 있다. 인간을 둘러싸고 인간과 뗄 수 없는 관계를 맺고 있는 생태와 기술을 어떻게 다시 이해할 것인가. 이런 문제의식 속에서 새롭게 구성될 연구 영역을 '에코-테크네eco-technē' 인문학이라고 부르도록 하자. 인문학의 구성 요소는 인간과 문자에서 확장되어 생태와 기술을 포괄하는 데까지 나아가야 한다.

인간은 태생적으로 한편으로는 생태와, 다른 한편으로는 기술과 관계 맺고 있다. 오늘날 여러 생태철학과 기술철학이 공통적으로 일깨우는 바는 매개되지 않은 순수한 인간성이란 허구에 불과하다는 것이다. 그런데 인간이 이 양자와 맺는 관계는 비대칭적이다. 동식물은 자기 목적적이고 따라서 그 자체로 존중받아야 하지만[1] 기계는 목적을 향한 수단으로서 발명되기

---

[1] 동식물을 존중하고 기술에 비판적인 태도는 '오늘날' 우리가 가지고 있는 생태학적 이념의 한 단면이다. 생태학의 역사를 보면 사실 늘 이런 생각이 유지되었던 것은 아니다. 생태학은 19세기 독일에서 지역주의의 영향하에 있던 소농들의 생산력을 높이기 위한 방법으로서 출발했기에 당시에는 기술 친화적이었다. 하지만 생태학이 대중화된 계기는 레이첼 카슨의 『침묵의 봄』(1962)이었고, 농약이 농작물을 거쳐 인간에게 치명적인 위협이 된다는 사실을 지적한 이 책은 생태학적 문제의식을 크게 불러일으켰다. 이것이 원자폭탄의 충격과 맞물려 20세기 중반 생태학은 기술과 대립적인 관계에 들어가게 된다. 이때도 생태학은 여전히 인간의 안전 및 생활과 관련된 것이었으며, 동식물의 존재의 존중까지 고려하게 된 것은 심층 생태학deep ecology의 등장 이후이다.

때문이다. 그러므로 인류가 해결해야 할 문제도 양쪽에서 반대로 제기된다. 동식물은 그 자체로 목적을 지닌 존재이긴 하나 그것들을 인간이 자원이나 수단으로 사용하는 것은 불가피한데, 그렇다면 얼마만큼 그리고 어떤 방식으로 그렇게 해야 하는가?[2] 한편 기계는 수단으로 발명되고 생산되지만 그것 자체가 인간의 이해 범위를 넘어서 인간을 지배하는 힘을 갖게 되었는데, 그렇다면 우리는 기계 전체에 어떤 사회적 목적을 부여할 수 있으며 또 그것은 어떻게 가능한가? 이처럼 생태와 기술에 대해 목적과 수단은 서로 엇갈리는 방향으로 적용된다. 생태 쪽으로는 목적성을 지닌 것에 대해 수단의 성격을 삽입해야 하며, 기술 쪽으로는 수단으로 만들어진 것에 목적을 부여해야 한다.

이 장에서는 신체와 매체를 중심으로 인간이 생태 및 기술과 본질적으로 관계 맺고 있는 양상을 파악해보고자 한다. 생태와 기술을 더 이상 대립적인 것으로 보지 않고 연속적이고 혼합적인 관점에서 보고, 이때 신체란 무엇인지, 그리고 그 연장선상에서 신체가 매체로서 어떻게 나타나는지 살펴보고자 한다. 오랫동안 신체는 인간이라는 모델에서 영혼에 대립하는 항, 영혼의 지배를 받는 항으로 규정되어왔지만 이제 이로부터 벗어

---

[2] 아마도 동식물에 대한 일반적인 태도는 무관심, 의인화, 죄의식 중 하나가 아닐까? 이는 우리가 생태학적 실천학을 생각할 때 피해야 할 삼중의 함정이기도 하다.

나 새로운 신체의 모델을 정립할 필요가 있다. 앞서 말한 것처럼 '말 없는 것들의 공동체'를 사유하려면 말없이 표현하는 기호sign와 신호signal를 포착하는 것이 중요한 과제가 된다. 따라서 모든 신체는 기호를 표현하고 신호를 방출하는 매체가 될 수 있다는 점에서부터 출발하여 논의를 진행시키고자 한다. 그리고 이러한 테제들이 실천학에 어떤 함의를 지니는지 살펴보고자 한다.

## 1. 신체란 무엇인가

### 1) 철학사의 네 가지 규정: 애니미즘, 기계론, 유기체론, 역동론

서양철학의 주된 관심은 영혼과 정신이었지만 정작 정의하기 어려웠던 것은 신체였을지도 모른다. 서양철학의 첫머리로 거슬러 올라가면 플라톤에게서 신체는 적극적으로 정의된다기보다 어떤 결여로서 정의된다. "육체는 영혼의 능력에 힘입어 마치 자기 자신을 움직이는 것처럼 보이고, 영혼과 육체가 결합된 그 전체는 생명체라고 불리며 죽는 것이라는 이름을 얻었네."(플라톤, 2008: 61) 여기에서 영혼은 "자기 자신에 의해 움직이는 것"으로 정의되고, 신체는 그렇지 못한 것, "밖에서 운동을 부여받는 것"으로 규정된다(플라톤, 2008: 60). 즉 자기운동을 통해 자기동일성을 유지하는 존재와 그러지 못하는 존재의 구별이 여기 놓여 있다. 이것은 두 개의 실체가 아니다. 플라톤에게 물체는 끊임없는 흐름과 같아서 극단적으로는 그것에 대한 어떤 인식이나 언급조차 불가능한 것이다.

이처럼 신체는 자신의 외부로부터, 즉 영혼anima으로부터 운동의 힘을 부여받아야 한다는 입장을 애니미즘animism[3]이라고 부른다. 이러한 관념을 아리스토텔레스는 질료형상설, 즉 모든 사물은 형상과 질료의 결합이라는 이론을 바탕으로 보다 멀리까지 밀고 나갔다. 인간에게 있어 양자는 각각 영혼과 신체에 해당한다. 흥미로운 점은 아리스토텔레스가 세계 안에 생명체들의 신체 구조가 놓여 있는 방식을 통해 식물, 동물, 인간의 위계를 수립했다는 것이다. 세계는 위/아래, 앞/뒤, 왼쪽/오른쪽이라는 세 종류의 방향 축을 지닌다. 식물은 위아래만 있을 뿐 다른 두 축에 대해서는 무차별하다. 운동할 수 있는 동물은 앞뒤를 추가로 갖지만 시선의 방향이 아래를 향해 있어 앞뒤의 운동 방향과 정확히 일치하지 않는다. 두 발로 걷는 인간에 이르러 눈은 정면을 바라보고, 신적인 능력인 사유를 수행하는 머리는 하늘을 향하게 된다(Aristote, 1956: V, 686b3-687a5 참조). 즉 고대의 자연관에 따르면 세계 안에는 특정한 방향 축이 내재해

---

[3] '물활론'이라는 번역어도 있지만 이는 물질 스스로 움직인다는 뜻처럼 오해될 수 있어서 적절하지 않은 것 같다.

있고, 인간 신체의 구조만이 그것에 부합하는 것으로 드러난다. 이러한 고대의 세계관을 오래된 것이라고 비웃기 쉬울지 모르지단 사실 이는 오늘날에도 우리의 통념을 규정하는 면이 있다. 어떤 사람이 도로에서 갑자기 기어가기 시작한다면 그에게 다가가는 사람은 거의 없을 텐데, 그건 아마도 그에게서 어떤 종류의 '인간 실격'을 감지하기 때문일 것이다. 아리스토텔레스 자연학 중 물리학 부분은 17세기에 영향력을 거의 상실했지만 생물학 부분은 19세기 중반까지도 강력한 영향력을 행사했다.

이러한 전통과 단절해서 17세기에 두 종류의 실체, 다시 말해 실체의 이원성을 적극적으로 전개한 철학자는 데카르트이다. 그는 근대를 개시하면서 신체의 차원에서도 자기운동이 가능하다는 점을 주장했다. "인간의 신체를 … 일종의 기계로 간주하고, 정신이 이 속에 전혀 깃들어 있지 않아도 … 정신으로부터 야기되지 않은 운동과 동일한 운동을 이 기계가 하고 있다면 인간 신체도 자연의 법칙을 정확히 지키고 있는 것이다."(데카르트, 1997a: 116-117) 잘 알려져 있다시피 그는 이성이 없는 동물은 기계와 거의 같은 것이라고 간주했다(데카르트, 1997b: 213 참조).[4] 17세기 철학자들이 큰 인상을 받았던 시계 장치처럼 동

---

[4] 여기서 그가 '거의' 같은 것이라고 말했다는 점을 강조해야겠다. 그의 다른 문헌에는 동물과 기계가 완전히 같은 것이라고는 생각하지 않았다는 암시가 있다.

물과 인간의 근육과 피가 작동하고 순환하는 데에는 영혼이나 정신의 지시가 전혀 필요하지 않다.

그런데 데카르트가 내세운 이 기계론mechanism에서는 또 다른 중요한 논점이 간과된 측면이 있다. 여기에서 그의 관심은 인간이 기계 또는 동물과 유사하다는 점보다 오히려 인간의 특수성을 재정의하는 데 있다. 인간은 다양한 문맥을 이해하면서 언어를 구사하고, 특정한 기능이 아니라 보편적인 능력을 가지고 있다는 점에서 근본적으로 기계와 다르다는 것이다. 많은 사이보그 영화와 애니메이션 작품이 "껍질 속의 유령Ghost in the shell"의 딜레마[5]를 극단적으로 밀고 나갈 때 데카르트를 자주 인용하곤 하지만, 사실 그의 논지를 볼 때 그는 인간과 기계가 서로 수렴할 것이라는 예측에 대해서는 전혀 동의하지 않았을 것

---

[5] 서구 근대 문명은 물리적인 것들은 외부적이고 보편적이며 측정 가능해서 판명한distinct 반면, 심리적인 것들은 내부적이고 유비적이며 측정 불가능해서 혼잡하다confused는 전제 위에 서 있다. 간단히 말해 심리적인 것은 물리적인 것보다 덜 확실하다. 이것은 심리적인 실재의 범위가 모호하다는 뜻이기도 하고, 그 존재자의 내부에 심연이 있어 그것이 완전히 법칙에 따르지 않는 것처럼 보인다는 뜻이기도 하다. 따라서 어떤 존재가 인간처럼 간주되려면 역설적으로 인간의 일상적 모습을 흉내 내는 것을 넘어서 예상치 못한 말을 해야 한다. 하지만 예상치 못한 말을 할 때 그것이 단순히 프로그래밍이 잘못된 결과일 수도 있다. 따라서 인간과 비슷한 신체 구조를 가진 존재가 기본적인 작용-반작용을 잘 수행할 뿐만 아니라 예기치 못한 말과 행동을 한다면, 그것을 인간으로서(또는 그와 유사한 지위로서) 인정해야 하는지와 관련하여 어려운 딜레마가 발생한다.

이다.

그후 19세기 독일 낭만주의는 기계론적 신체 이해를 비판하면서 유기체론organism을 내세웠다. 낭만주의는 민족과 대지의 힘을 강력한 희구를 동기로 하고 있으며, 고대 그리스의 사유에 대한 향수와 동경을 배경으로 하고 있다. 무시할 수 없는 차이가 있긴 하지만 큰 흐름을 볼 때 유기체론은 애니미즘의 세련된 버전이라고 할 수도 있을 것이다. 이러한 유기체적 신체 이해에 큰 영향을 준 것은 칸트의 『판단력비판』의 후반부 "목적론적 판단력비판"이다. 그는 자연의 생명체들이 기계론적인 존재가 아니라 유기적인 존재인 이유를 다음과 같이 설명한다. (1) 신체의 부분들은 전체와의 관계에서 존재 가능하며, 서로 교호적으로 결합되어 있어야 한다. (2) 각 부분은 다른 부분들을 위해서 존재할 뿐만 아니라 그것들을 만들어낸다. (3) 기계는 단지 운동하는 힘만 갖지만 유기적 존재자는 자기 자신 안에 형성하는 힘을 갖는다. "그럴 경우에만 그리고 그 때문에 그러한 산물을 유기적인 그리고 자기 자신을 유기화하는 존재자로서 자연목적이라고 부를 수 있다."(칸트, 2009: 428, 강조는 인용자) 유기체의 본성은 통일적이고 능산적이다. 유기체 부분들 사이의 인과성은 선형적이지 않고 상호적이며, 그런 점에서 전체적 통일성의 규제 아래 있고, 능동적으로 자기 자신을 유기적으로 재성산한다. 이러한 전체론적인 생명 개념은 이후 부분적으로 생태학에 영향을 주었다.

그다음 언급할 이론은 신체를 의지와 힘의 관점에서 생각하는 역동론dynamism이다. 쇼펜하우어와 니체에 따르면 신체는 물질이 아니라 힘들의 표현, 힘들의 충돌 그 자체이다. 표상이 아니라 그 근거에 해당하는 의지의 관점에서 볼 때 신체는 힘 그 자체이다(쇼펜하우어, 2019). 니체의 영향하에서 신체는 이제 물리적, 생명적, 사회적 힘들이 한곳에서 충돌하면서 구성되는 것으로 간주된다. 이러한 신체 개념은 현대 철학에 많은 영향을 미쳤다. 여기에서 신체는 단지 생물학적 사실이 아니라 사회적이고 문화적인 힘들이 충돌하면서 형태와 가치가 만들어지는 해석의 대상으로 변모한다.

### 2) 20세기 이후 현대의 관점: 모호한 경계

19세기까지 서양의 신체 개념은 크게 보면 한쪽에는 애니미즘과 유기체론이 있었고, 반대쪽에는 기계론이 있었다고 할 수 있다. 고대 서양에서 모든 존재는 기본적으로 살아 있는 것이었고, 따라서 제기되는 질문은 '왜 저것은 죽어 있는가?'였다. 근대에 와서 존재 이해는 근본적으로 역전되어 모든 존재는 기본적으로 죽어 있는 것이 되었다. 그래서 질문은 '왜 저것은 특별히 살아 있는가?'라고 정반대로 던져졌다(Pichot, 2004: 388-389). 이 양자는 서로 대립하지만 공통의 기반 위에 서 있는데, 그것은 생물과 무생물을 본성상 구분되는 것으로 간주한다는 점에서 그렇다. 그러나 우리는 둘 중 어느 한쪽을 기본적인 모델로 삼을 때 다른 한쪽을 설명하기 어렵다는 사실을 알 수 있다. 양자를 다루려면 최소한 또 다른 개념을 외부로부터 도입해야 한다. 20세기 이후 현대의 모험은 이 양자의 이율배반을 넘어서는 데 있다.

그렇다면 오늘날 생명과 신체를 이해하는 방식은 어떤 것일까? 아마 생물과 무생물을 어떤 연속성 안에서 파악하는 것일 테다. 린 마굴리스Lynn Margulis는 '생명이란 무엇인가?'라는 본질적인 질문을 정작 생물학자들은 거의 던지지 않는다는 점을 지적한 바 있다. 이 질문은 의도적으로 회피되는 것인데, 왜냐하면 생명의 세계에 깊은 이해를 가진 전공자일수록 그것이 대답하기 힘든 질문이라는 것을 잘 알고 있기 때문이다(마굴리스·세이건, 2016). 생물과 무생물의 경계에서는 무수히 많은 '절반의 생명체'가 발견된다. 예를 들어 광물, 바이러스, DNA 등은 어느 쪽에도 분명히 속하지 않는다. 이렇듯 수없이 많은 '경계 생명체'가 자연 안에서 만들어지는 것처럼 오늘날 인간에 의해서도 그것들이 만들어지고 있다.

현대적 관점의 또 다른 특징은 생명체와 생명 자체의 구별이다. 생명체는 하나의 개체인 반면 생명은 개체의 수준을 넘어서 형성되고 존재하고 확장되는 추동력 그 자체이다. 생명은 본질적으로 그러한 활동의 힘, 또는 그것이 표현되는, 지구 표면과 심해를 뒤덮는 연결과 협력의 거대한 네트워크를 의미한다. 이것은 극단적으로 정반대인 두 가지 방식으로 표현되었는데, 베르나드스키V. Vernadsky의 "생명권biosphere"과 러브록J. Lovelock의 "가이아Gaia"가 그것이다. 전자는 식물과 동물이 광물의 이동과 저장 장소나 다름없다고 주장하면서 미시적인 관점에서 유기체와 무기체가 혼합되어 있다는 점에 주목한다. "생물은 계속해서 새롭게 변모하는 광물이고, 광물은 매우 천천히 움직이는 생물이다."(켈리, 2015: 172) 후자는 거시적인 관점에서 지구 전체가 자기 조절 능력을 갖추고 있는 하나의 거대한 생명체라고 주장한다. 양자는 공히 생명이란 생명체를 넘쳐흐르는 힘이고, 유기체와 무기체의 구분은 본성상의 구분이 아니라 생명을 함유하고 있는 정도상의 구분이라는 점을 일깨운다. 이 두 가지 이론은 실증적 과학자들로부터 강력한 반발을 샀지만, 이는 어쩌면 1802년 라마르크가 '생물학biologie'이라는 용어를 창안한 것의 필연적 귀결일지도 모른다. 이것은 앞서 말한 것처럼 개별 생명체의 차원과 구분되는 생명bio- 자체의 본성을 연구하는 분야의 등장을 의미하기 때문이다.

  20세기 중반부터 생명과 기계를 수렴시키고 양자의 엄격한 구분을 어렵게 하는 연구와 관점이 다양한 분야에서 제시되었다. 대표적인 두 분야를 언급하자면 분자생물학과 사이버네틱스일 것이다. 이 둘은 각각 정보와 제어를 중심으로 생명과 기계가 매우 유사하다는 점을 밝혔다. 1953년 분자생물학에서 이루어진 DNA 이중나선의 발견에 따르면 생명의 본질인 유전자는 아날로그적인 형태가 아니라 디지털적인 염기 서열이다. 생명은 일종의 정보 체계이고, 이런 점에서 기계적 프로그래밍과 유사하다. "DNA는 서서히 풀리면서 생명의 부드러운 기어를 밀어 움직이는 태엽처럼 자신을 복제하고, 표범의 반점과 소나무의 물방울, 생물체의 전반을 이루는 단백질의 생성을 지시한다."(마굴리스·세이건, 2016: 23) 한편 노버트 위너Nobert Wiener가 정립한 사이버네틱스는 인간, 동물, 기계에 공통적인 소통과 제어 기제를 해명하는 학문으로서 감지 기관과 피드백을 갖춘 기계의 등장으로 인해 생명체를 더 잘 이해할 수 있다는 비전을 제시했다. 음의 피드백negative feedback은 항상성을 유지하기 위한 알고리즘으로서 예를 들면 포유류의 체온이나 로봇의 움직임에서 공통적으로 적용된다. "살아 있는 생물체의 물리적 기능과 새롭게 등장하는 일부 커뮤니케이션 기계의 작동은 피드백을 통해 엔트로피를 통제하려는 유사한 시도를 한다는 점에서 정확히 서로 대응한다."(위너, 2011: 33) 요컨대 생명은 정보 전달 체계로서 기계와 비슷하고, 기계는 피드백을 갖춘 제어장치로서 점점 더 생명에 가까워진다는 것이다.

물론 생명과 기계가 동일하다고 말하는 것은 과장되고 위험할 수 있다. 두 가지 측면에서 그러한데, 하나는 윤리적인 측면이고 다른 하나는 존재론적인 측면이다. 우선 동물과 기계가 유사하다는 주장은 즉각적으로 대부분의 사람에게 심리적 저항감을 불러일으키는데, 이는 앞서 말한 것처럼 목적으로 대해야 할 상대를 수단으로 취급해도 상관없다는 주장으로 들리기 때문이다. 하지만 그렇다고 해서 동식물을 특별히 대해야 할 이유가 사라지는 것은 아니다. 이제 그것은 다른 관점에서 제시되어야 할 뿐이다. 이를테면 생명체는 우주에서 특별히 그리고 예외적으로 복잡하고 고차원적으로 얽혀 있기 때문에 존중받아야 한다고 말할 수 있을 것이다. 다음으로 존재론과 인식론의 측면을 살피면 노버트 위너가 강조하듯이 생명체와 기계가 비슷하다고 말할 때 이는 전체적인 모습이 온전히 닮았다는 뜻이 아니다. 어떤 특정한 관점에서, 어떤 특정한 수준에서 그렇다는 것이며, 그러므로 문제는 '어떤' 관점과 수준을 보다 더 실재적인 것으로 간주할 것인가 하는 데 있다.

### 3) 들뢰즈의 신체 개념: 속도와 정동

이러한 현대 이론의 환경 안에서 들뢰즈의 신체 개념은 특별한 가치를 지닌다. 그는 인간, 동식물, 기계 사이에서 종적, 본성상의 구분 대신 새롭게 확립된 동등성 위에서 드러나는 차이를 포착한다. 들뢰즈는 스피노자에 대한 해석에서 출발해 내재론적인 신체 개념을 제시한다. 결론으로 미리 나아간다면 그는 신체를 형상, 주체, 종種이 아니라 속도와 정동affect의 관점에서 파악하자고 제안한다. 생명체들을 형상과 종의 관점에서 분류하려는 시도는 아리스토텔레스까지 거슬러 올라간다. 이것은 고정된 종들이 형상이라는 완성태를 향해 성장해간다는 목적론적 세계관을 담고 있다. 이러한 세계관은 중세의 신학적 체계 안에서 더욱 강화되었다. 그러나 존재의 의미를 단일한 목소리로 긍정하는 철학적 사유에 충실하면, 그리고 19세기 중반 정식화된 진화론의 생물학적 세계관에 따르면, 신부터 벌레까지 존재의 위계적 사다리는 부서지고 그로 인해 모든 존재자는 존재의 동등한 차원 또는 평면 위에 위치하게 된다.

인간, 동식물, 기계가 동등한 평면 위에서 이해된다는 것은 단순히 이것들 사이에 차이가 없다는 것을 의미하지 않는다. 형태의 거시적 수준 아래에서 구성과 작동의 미시적 수준을 볼 때 비로소 동등한 모습을 드러낸다는 것을 의미한다. 구성과 작동은 달리 말하자면 속도와 정동이다. 한편으로 하나의 신체는 구성 입자들의 빠름과 느림의 관계(=비율)에 의해 구성된다. 하나의 개체는 그것을 구성하고 있는 입자들이 특정한 상대적 속도의 범위 안에 있기 때문에 유지된다. 죽음이란 이 관계가 해체되는 것을 의미한다. 다른 한편으로 위와 상관적으로 그 신체는 다른 신체와의 관계 속에서 변용하고 변용된다. 예를 들어 아담의 신체는 사과의 몸체와 합치하지 않아 기존의 속도 비율이 훼손되었고 나쁜 방식으로 변용되었다(들뢰즈, 1999: 2장). 속도와 정동의 차원에서 신체는 인간, 동식물, 기계 사이의 본성의 구별 없이 일의적으로univoquement 규정된다. 오직 상호 결합과 변용 관계가 중요하다. 하나의 신체는 다른 신체를 만나 그

역량이 강화되거나 약화된다. 그리고 모든 신체는 다른 신체를 필요로 한다.

예를 들어 짐을 끄는 말은 경주하는 말과 짐을 끄는 소 중 어디에 더 가까운가? 아리스토텔레스와 우리의 상식은 그 말은 우선 말이라는 종에 속한다고 말할 것이다. 하지만 정동의 관점에서 볼 때 짐말은 짐을 끄는 소에 더 가깝다. 속도와 정동의 관점을 세밀히 살피는 분야는 동물행동학éthologie인데, 들뢰즈는 이를 확장해 인간을 포함하는 실천학으로서 일반행동학을 구성한다(들뢰즈, 1999: 2장). 나아가 카프카의 『변신』 같은 많은 문학작품과 정신분석학 텍스트는 인간을 동물과 구분되지 않는 어떤 지점까지 몰고 간다. 이것은 외형이나 의미의 관점에서 보면 상상이나 상징에 그치겠지만 속도와 정동의 관점에서는 실재적이다.

배치agencement란 인간-동식물-기계의 복합체를 의미한다. 사회적으로 중요한 것은 배치이고 그것의 작동이다. 예를 들어 말 위에 안장을 올린 후 기사가 올라타고, 이렇게 등장한 기병 부대가 기존의 보병 부대를 압도했을 때 중세가 도래했다. 즉 인간과 동식물과 기계의 복합적인 작동, 이 예에서는 기사와 말과 안장의 복합적인 효과가 사회와 역사에 실질적이면서 거대한 변화를 가져온 것이다(Deleuze et Parnet, 1977: 84-85). 욕망은 배치에 의해 규정되며, 따라서 중요한 것은 어떤 배치를 할 것인가 하는 문제이다.

## 2. 자연이라는 매체

### 1) 미디어 연구의 확장

신체는 불활성화된 채로 죽어 있지 않으며, 언어 못지않게 무언가를 표현하고 정보를 발산한다. 들뢰즈의 신체론은 크게 두 축으로 분기되는데, '표현하는' 신체와 '연결하고 작동하는' 신체가 그것이다. 특히 표현하는 신체 개념과 관련해서 들뢰즈는 의사소통communication과 표현expression을 분명히 구분한다. 전자가 외연적이고 명시적인 의미signification를 교환하는 것이라면 후자는 내포적이고 함축적인 의미sense를 전달하는 것이고, 이런 뜻에서 신체는 표현한다. 그는 프루스트의 작품을 예로 드는데, 거기에서 거짓말하는 것 같은 애인의 얼굴은 무엇인가를 감추고 있다는 것을 표현한다. 그리고 그것은 생각을 촉발한다. 그런 얼굴을 본 사람은 그것을 해석해야만 한다. 그는 마치 이집트의 상형문자를 처음 본 고고학자처럼 문법 책 없이 그것을 해독해야 하는 상황에 처하게 된다(들뢰즈, 1997: 2장). 들뢰즈는 매체라는 말을 거의 사용하지 않지만 모든 신체가 무엇인가를 표현한다는 점을 말할 때 그는 매체 철학과 가까운 거리에서 공명하고 있다.

매체 연구의 창시는 마셜 매클루언의 『미디어의 이해』(1964)를 기점으로 하고, 그 역사적 전조에 해당하는 것은 발터 벤야민의 『기술복제시대의 예술작품』(1936, 2판)이라고 할 수 있다. 이 두 연구에서 알 수 있듯이 매체의 문제는 원본성이 상실되는 기술적 장치의 등장과 함께 명시적으로 제기되었다. "미디어가 메시지다"라는 매클루언의 유명한 경구는 미디어가 메시지를 중립적으로 전달하는 용기 같은 것이 아니며, 메시지와 무관하게 미디어 자체가 인간의 지각과 사유 방식을 변형한다는 점을 표현하고 있다.

매체 연구의 역사를 떠올려볼 때 대략 한 세대 간격으로 특정 기술의 충격 속에서 주요 저작들이 차례로 등장했음을 식별할 수 있다. 1930년대 벤야민과 사진, 1960년대 매클루언과 TV, 1980년대 빌렘 플루서Vilém Flusser와 퍼스널 컴퓨터(『피상성 예찬』), 2000년대 레프 마노비치Lev Manovich와 '뉴미디어'(『뉴미디어의 언어』)가 그것이다.[6] 이렇게 매체들이 인간에게 특정한 방식으로 영향을 주었다는 점이 연구될 때 주목받는 지점은 그 의미가 아니라 효과이다. 즉 메시지가 인간의 정신에 전달되는 것보다 훨씬 더 강력하게 미디어가 인간의 중추신경에 영향을 미치는 것이다. 문제는 인간이 만든 기술적 환경을 정작 인간 스스로는 환경으로서 '의식'하지 못한다는 점이다. '물고기는 물을

---

[6] 여기에서 '뉴미디어'는 디지털 매체 그 이상을 의미한다. 그의 규정에 따르면 뉴미디어는 수적 재현, 모듈성, 자동화, 가변성, 부호 변화를 특징으로 한다(마노비치, 2004: 1장 참조).

의식하지 못한다.' 미디어 연구는 문자, 사진, 전기, 디지털, 자동화 매체를 환경으로서 의식할 수 있도록 일종의 '반反환경'을 제공하고자 한다.

우리가 여기에서 관심을 가져야 할 것은 미디어 연구의 역사 전체가 아니라 매체 개념이 확장될 때 궁극적으로 그것이 도달하는 지점이다. 매클루언은 기술을 신체 기관의 확장으로 간주한다. "전기 시대에 우리는 스스로를 인류 전체의 일에 개입시키고, 우리 속에서 인류 전체의 일이 함께 고려될 수 있을 때까지 우리의 중추신경 체계를 기술적으로 확장시킨다."(매클루언, 2003: 7) 그에 따르면 감각, 기억, 연산의 처리는 인간의 내부로부터 나와서 기술을 통해 지구 전체를 뒤덮게 될 것이다. 반면 프랑스의 고고 인류학자 앙드레 르루아구랑André Leroi-Gourhan은 신체 기관을 기술이 확장된 결과로 이해한다. 인간은 두 발로 걷게 되었을 때 특별한 자유를 누리게 되었는데, 음식을 불로 익힐 수 있게 되어 이와 턱이 발달하지 않아도 되었고, 그로 인해 언어와 생각을 담당하는 뇌 부분이 커질 공간이 확보되었다는 것이다. 요컨대 인간이 뛰어난 지능을 갖게 된 것은 두 발로 보행할 수 있는 기술로부터 시작된 것이다(Leroi-Gourhan, 1964: 40-42, 119-121). 이처럼 생명과 기술은 서로 모방하고 가장하고 혼합되어 서로 뒤엉킨 처로 전개된다.

## 2) 자연 미디어

존 더럼 피터스John Durham Peters의 『자연과 미디어』는 생명과 기술을 가장 바깥의 경계에서 공共외연적으로 일치시키는 방식으로 이해하고, 이것을 다시 매체와 동일시하는 미디어 이론을 전개한다. 즉 매체는 그동안 단순히 메시지를 전달하는 채널이 아니라 "물질적이고 환경적인 의미에서" 일종의 "서식지"로서 이해되는 방향으로 전개되었다는 것이다. "미디어가 환경이라는 오래된 아이디어는 이제 뒤집어 생각할 수 있다. 환경 역시 미디어이다."(피터스, 2018: 24) 그는 미디어media라는 말이 예전에는 오랫동안 물, 불, 공기, 대지와 같은 자연 요소들을 의미하는 것이었으며, 메시지를 전달하는 기술적 장치라는 뜻으로 한정된 것은 비교적 최근인 19-20세기의 일이라는 점을 일깨운다. 그렇다고 해서 그가 미디어 개념의 의미론적 전환 이후 축적된 연구 성과를 부정하는 것은 아니며, 그 이전 시대로 완전히 복귀하는 것이 가능하다고 생각하지도 않는다. 다만 메시지와 의미를 핵심에 놓고 자연 요소라는 측면을 복원해야 한다고 주장한다. 말하자면 미디어는 의미이자 존재이며, 기술이자 자연이며, 테크네technē이자 퓌시스physis인 것이다.

자연을 미디어로 간주할 때 문제가 되는 것은 자연적 존재가 표현하는 바를 파악하는 것이다. 자연이 인간의 언어를 사용하지 않는다는 점은 분명하다. 그 대신 자연 미디어에서 소통은 인간과 환경이 지적인 상호작용을 하면서 진화하는 것으로 이해되어야 한다. 이때 고유한 언어는 기술이다. "바다나 불이나 하늘 그 자체가 자동적으로 미디어라는 의미가 아니라, 특정한 종이 특정한 방식으로 특정한 기술을 사용할 때 그들이 미디어가 된다는 의미다. 즉 미디어를 자연과 문화, 즉 퓌시스와 테크네의 앙상블로 본다는 의미다."(피터스, 2018: 85)

인간과 주위 환경이 기술을 통해 상호작용하여 형성되는 존재라면 기술을 인간성의 탐구에서 배제한 오랜 역사는 교정되어야 한다. '넓은 의미로 보아 인문학은 테크네의 고향이다. 두 발로 직립 보행하는 일부터 시작해서 예술/기술이 없는 인문학은 없다. 우리는 정신이나 몸에서 이미 기술적이다."(피터스, 2013: 59) 여기에서 말하는 테크네의 의미를 좀 더 정확하고 풍부하게 이해하기 위해서는 영어에서 '테크닉technic'과 '테크놀로지technology'를 구분할 필요가 있다. 이 어휘들은 역사적으로 혼란스러운 내포의 변동을 겪었지만, 결국 간단히 말하면 후자가 좀 더 물질성과 지속성을 갖는다고 할 수 있다. 즉 테크닉은 수공예적 기술, 테크놀로지는 기계와 과학 시스템을 의미하는 것이다.[7] 예를 들어 자동차 운전은 테크닉이지만 자동차 엔진은 테크놀로지이다. 그리고 신체의 기술인 테크닉과 내구성이

---

[7] 한편 프랑스어 technique와 독일어 Technik은 두 뜻 모두를 포괄하고 있다는 점을 언급해야 하겠다.

있는 물질적 형태인 테크놀로지가 모두 존재한다는 것은 인간의 고유한 특징이다. 돌고래에게는 테크닉은 있지만 테크놀로지는 존재하지 않는다. 인간의 경우에도 테크닉과 테크놀로지의 구분이 항상 명확한 것은 아닌데, 행위에는 대개의 경우 그에 상응하는 물질이 동반되기 때문이다. 그래도 상대적이긴 하지만 기예와 기계, 행위와 물질 사이의 구분은 의미가 있으며, 인간과 자연 사이의 상호작용을 파악하기에 충분히 유효하다. 왜냐하면 이를 바탕으로 인간과 동식물의 삶이 모두 테크닉으로 가득 차 있다는 점을 알 수 있기 때문이다.

인간은 잠수함의 초음파 기술 덕분에 돌고래의 의사소통 방식을 알게 되었다. 인간에게 테크네인 것이 돌고래에게는 퓌시스인 것이다. 우리가 동식물의 테크닉을 알지 못할 때 그것은 자연이라는 매우 막연한 이름으로만 우리에게 나타난다. 아마 그것이 무엇인지 우리는 전혀 알 수 없을 것이다. 여전히 바다의 심연에 사는 동물들, 80만 종의 곤충 중 깊은 숲속에 사는 개체 대부분은 칸트의 용어로 말하면 '사물 자체'이다. 즉 다르게 말하면 우리는 테크닉을 통해 자연이 무엇인지 이해한다. 그리고 하이데거가 말한 것은 이때 충분한 의미를 갖게 된다. "테크놀로지는 탈은폐를 위한 방법(양식)이다." 자연의 생활 방식인 테크닉은 우리가 그에 상응하는 테크놀로지를 발명할 때에만 우리에게 모습을 드러내기 때문이다. "매우 이상한 방식으로 테크놀로지는 존재론적으로나 인식론적으로 (로고스로서의) 생물학에

우선한다."(피터스, 2018: 165)

생태학은 단순히 자연의 보존을 설파하는 태도가 아니라 모든 생명체가 환경과 긴밀한 상호 관계 속에서 변모하고 진화하고 있음을 일깨우는 학문이다. 자연을 미디어로 보는 시각은 여기에 중요한 생각 하나를 더한다. 진호-론적 미디어 이론은 자연을 테크닉의 집합과 교환으로 바라본다. 인간을 포함하여 모든 동식물은 테크닉을 서로 주고받으면서 공존한다.

> 살아 있는 생명체의 몸은 열을 조절하고 지구 자기를 계측하는 딱딱한 껍질과 안테나를 갖고 있으며, 고주파 청각과 자외선 시력, 유체 보존, 실크와 독의 보유, 페로몬의 생산과 감각, 면역 체계 등을 갖고 있어 환경과 상호작용하는 문제에 대해 역사적으로 풍부한 해결책이 되어왔다. 이들은 다른 테크닉이 자신을 발견해주기를 기다리는 테크닉들이다. 동물은 존재의 대안적 양식을 제공한다(피터스, 2018: 160).

이는 단지 자연을 자원으로 활용하는 문제가 아니라 삶의 방식을 바꾸는 문제이다. 들뢰즈와 과타리라면 비슷한 내용을 조금 다른 용어로 말했을 것이다. 인간과 동식물 그리고 기계가 서로 공유하고 교환하는 것은 정동이다. 진드기는 단 세 가지 정동을 가지고 한평생을 충분히 살아간다. 즉 빛을 감지해서 나무를 오르고, 냄새를 맡아서 지나가는 포유류의 등 위로 떨어지고, 열을 감지해서 피부가 얇은 곳으로 이동해 피를 빨아먹는 정동이 그것이다(들뢰즈, 1999: 185). 동물행동학은 동물의 삶을 정동들의 집합으로 분해해 보여준다.

더 나아가 하나의 숲은 다양한 종의 동식물들이 정동들을 전개하고 교환하는 교향곡처럼 우리에게 나타난다. "참나무의 우거진 잎들은 물방울들의 분배에 기계적으로 영향을 미친다. 반면에 물방울들의 형성 규칙은 도토리 세포들의 살아 있는 종의 멜로디 속에 구성 요소로서 개입한다."(윅스퀼, 2012: 193) 위대한 동물행동학자 야코프 폰 윅스퀼Jakob von Uexküll에 따르면 숲속에서 교환되는 것은 모티프이다. 그리고 도구와 기계 역시 어떤 작업들 혹은 정동들을 수행하는 것이라고 정의될 수 있다. 칼은 '날카로움'이라는 정동을 품고 있으며, 트랜지스터는 신호를 증폭하는 작업을 한다. 이런 의미에서 세계는 인간-동식물-기계를 모두 포괄하는 일반 생태학, 즉 정동(또는 테크네, 모티프)을 서로 의식적, 무의식적으로 교환, 포획, 전유하는 거대한 교향곡과 같다.

## 3 생태학적 실천

1) 관계와 거주

생태학은 유기체와 환경 사이의 관계를 다루는 학문이다. 오늘날의 생태학은 구별되는 두 가지 흐름이 합쳐져 형성되었다. 하나는 1866년에 생태학Ökologie이라는 용어를 만든 생물학자 에른스트 헤켈Ernst Haeckel이 기계론에 대항해서 자연을 전체론적으로 볼 것을 주장한 것이다. 다른 하나는 경제학적 접근이었는데, 부족하고 재생 불가능한 자원 문제가 제기된 것에서 기인한다(브람웰, 2012: 15). 생물학과 경제학의 두 흐름이 결합되면서 오늘날 생태학은 자연을 생명체들의 균형을 유지하는 에너지의 흐름으로 바라보게 되었다.

생태학은 대안적 삶의 모델을 제공하지만 그것을 생물학의 영역 바깥으로 확장하려고 하면 곧바로 복잡한 문제들이 등장한다. 자본주의의 무한한 확장과 착취에 맞서 동식물들을 보호하려는 취지라면 그것은 가치 있는 이념임이 분명하다. 하지만 생태학에서 인간과 동식물이 대등한 본성을 갖는다는 점만 강조한다면 인류의 문학과 학문과 과학을 순수성의 상실과 존재의 타락으로 간주하는 위악적인 분위기에 쉽게 휩쓸리게 된다. 더 나아가 진화론을 인문사회과학 영역으로 확장할 때와 마찬가지로 인간이 다른 동식물들처럼 서로 공격하고 죽이는 것을 나쁘게 말할 이유도 그다지 없어져버릴 것이다. 생태학은 그 자체로 보수적이지도 진보적이지도 않으며, 양쪽으로 난 길로 얼마든지 멀리까지 나아갈 수 있고 역사적으로도 실제 그러했다. 따라서 중요한 것은 오늘날 자연 개념이나 진화론의 경우에도 그런 것처럼 생태학을 어떻게 해석하는지, 또는 어떤 의미에서 말하는지이다.[8]

생태학과 관련하여 우선 몇 가지 오해를 걷어내는 것이 좋을 것 같다. 먼저 생태학은 환경보호주의environmentalism와 겹치는 부분이 없지 않겠지만 그것과 같은 것은 아니다. 생태학은 말 그대로 인간과 환경 사이의 '관계'를 생각하고 포착하는 것이지 자연을 알 수 없는 신비로운 것으로서 존중하는 것이 아니다. 물론 자연은 우리가 전부 이해할 수 있는 것이 아니며, 우리의 어떤 행위가 자연의 파괴를 거쳐 우리 자신에게도 해로 돌아올 수 있다는 가능성을 염두에 두는 것은 중요하고 필요하

---

[8] 예를 들어 생태학을 진보적인 정치 이념으로 전유하려는 시도에 대해서는 박지형(2019)의 『스피노자의 거미: 자연에서 배우는 민주주의』를 참조할 수 있다. 이 책은 민주주의의 여러 가지 원리 중 평등한 자원 배분을 가장 기본적인 것으로서 주목할 때 인간 사회보다 자연 군집이 더 민주적인 균형점을 찾아간다는 점을 보여준다. 16세기에 형성되기 시작한 서구 근대 민주주의가 실제로는 귀족과 상인 계급의 약탈적 경제의 외피였을 뿐이었다는 점을 역사적으로 분석하고, 당시 스페인의 콩키스타도르의 남미 침탈을 외래종 아프리카귀화꿀벌의 침입 및 확산 과정과 비교한다.

다. 하지만 자연 생태학이란 바로 그러한 상호의존적 관계를 파악하고 이해하려는 것이다. 그리고 각 존재들이 그러한 본질적 관계를 맺고 있다는 사실보다 더욱 중요한 것은 그 관계로부터 각 존재들이 형성되고 변화한다는 점을 이해하는 것이다.

또한 생태학이 함축하는 바가 '주어진 본성에 따르는 자연적 삶'을 살자는 윤리적 제안이라고 간주할 수도 없다. 만약 그렇다면 그것은 너무 단순한 생각이 될 것이다. 왜냐하면 자연적 본성에 따르는 삶이라는 발상은 전혀 새로운 것이 아니며, 사실 먼 옛날 플라톤에서부터 시작된 것이기 때문이다. 플라톤이 『국가』에서 설명하고 있는 이상적인 정치 공동체의 모습은 각 사회 구성원들이 "자연적 본성에 따라kata physin" 사는 "공동생활체synoikia"이다(플라톤, 1997: 146-150). 즉 사람들은 각자 지혜, 용기, 욕구라는 성향을 가지고 태어나며, 따라서 이에 맞는 직분을 자신의 소명으로 받아들이며 살아가는 것이 자연스럽고 동시에 좋은 일이라는 것이다. 이때 그가 말하는 '공동생활체'에서 oikia는 '살림살이'를 의미하는 oikos로부터 파생된 것인데, 후자는 이후 생태학Ökologie의 어원이 된다. 여기에서 우리가 알 수 있는 바는 플라톤이 도시국가 내의 분업과 협력이 가능한 방식으로 인간의 본성을 배분하는 신적 또는 자연적 힘을 전제하고 있다는 점이다.

어떻게 보면 서양철학의 시원에서부터 세계 속에서 거주를, 카오스 속에서 질서를 확립하는 것이 철학의 주요 관심사 그 자체였다고 할 수 있다. 다만 각 시대마다 자연과 생명을 인식하는 방식이 상이했고, 그에 상응해 인간의 거주를 확보하는 방식도 달랐다. 앞서 살펴본 것처럼 고대에는 유기적이고 조화로운 세계의 본성이 있어 이를 모델로 삼고 모방하는 것이 탁월한 제작의 방식이었다. 반면 근대에는 기계론적이고 무차별적인 요소들의 작동에 둘러싸이게 되었기 때문에 인간의 본성을 자기 자신의 내면으로부터 정초하는 것이 문제가 되었다.

이런 역사와 비교해본다면 현대의 생태학과 동물행동학이 일깨워준 사실은 유기체론에도 기계론에도 속하지 않는 교훈들이다. (1) 자연 안에서 인간이 차지하는 위상은 신이 자연을 창조하고 각 종의 형상을 부여한다는 관념에 의해 규정되지 않는다. (2) 인간을 포함하여 모든 생명체는 자신의 환경과 분리 불가능한 관계 속에서 살아간다. (3) '분리 불가능한 관계'를 파악하기 위해서는 각 생명체의 종이나 형상 같은 가시적인 수준이 아니라 에너지나 분자와 같은 더 미시적인 차원을 살펴야 한다. (4) 환경은 균질한 자연의 일부가 아니며, 각 동식물은 자신만의 고유한 주위 환경Umwelt을 형성한다. 예를 들어 인간의 환경과 박쥐의 환경은 서로 다른 방식으로 형성된다. 요컨대 자연은 서로 상이하고 독특한 환경의 원환들이 모여 형성되며, 이 환경-원환들 사이에는 일종의 번역 내지는 기호학이 필요하다. "나무에서 영감을 얻는 것이 어려운 가장 큰 이유는 우리가 나무를 바라보는 방법을 모르기 때문이다."(타상, 2019: 60)

런대 철학에서 하이데거는 거주Wohnen의 문제를 제기했고 이는 이후 생태학에 깊은 영향을 미치는 중요한 사상적 원천 중 하나가 되었다. 노동과 기술에 중독된 현대사회에서 그는 '시적인 거주'야말로 인간의 거주의 본질이라는 점을 해명하고자 했다. 횔덜린의 시에 깊이 매혹된 이 철학자는 독일어의 시원적 의미에 천착하는 특유의 방식으로, '거주함'이 돌봄과 건립, 이 두 가지 활동을 통해 울타리 안으로 사방을 한데 모으는 것이라고 주장했다. "거주함의 근본 특성은 이러한 보살핌이다."(하이데거, 2008: 190)

하이데거를 염두에 둔다면 생태학은 거주를 위해 필요한 관계들을 한데 모으면서 동시에 그것들 각각을 돌보는 태도라고 할 수 있다. 그런데 미묘하게도 생태학적 태도에서 '거주'에 강조점을 둘지 아니면 '관계'에 강조점을 둘지에 따라 그 사상적 함의가 큰 차이를 야기하는 것 같다.[9] 여기에서는 평화로운 거주 대신에 관계와 상호작용으로부터 존재자가 형성되고 변모한다는 점에 주목할 때 나타나는 생태학적 실천학에 대해 생각해보고자 한다. 여러 가지 길이 가능하겠지만 두 가지 사상

---

[9] 이를테면 하이데거가 그리는 이상적인 거주의 예인 오두막을 보면 소박하긴 하나 그 시야에 펼쳐지는 풍경에 이질적인 요소란 전혀 등장하지 않는다. 대지에 근원적으로 거주하기를 요구했던 그의 사상과 독일 이외 민족의 축출에 참여했던 그의 정치적 이력 사이에는 우연 이상의 연관이 있을 것이다.

을 중요하게 강조하고자 하는데, 하나는 모든 사물이 서로의 시선에 응답한다는 것이며, 다른 하나는 '인간 아닌 무엇 되기'이다. 이는 상징주의자들과 신비주의자들의 꿈을 동물들 그리고 기계들과 더불어 현대적 환경 속에서 재개하는 것이다.

## 2) 만물 조응

생태학이라는 주제와 관련하여 벤야민을 언급하는 것이 의아하게 느껴질지도 모르겠다. 그가 대도시의 파편적인 경험을 분석한 사상가라는 점을 떠올리면 더욱 그렇다. 하지만 그의 보들레르 분석에는 우리가 주의 깊게 참조할 만한 요소가 담겨 있다(벤야민, 2010). 우리는 그것을 '시선의 생태학'이라고 이름 붙일 수도 있을 것이다. 벤야민의 주된 관심은 경험Erfahrung과 체험Erlebnis을 구별하고, 현대인들이 도시에서 겪는 충격의 요소들은 체험만 강화할 뿐 진정한 경험은 점점 더 불가능해지고 있다고 시대를 비판적으로 분석하는 데 있다. 벤야민은 보들레르의 시「만물 조응correspondances」을 비평하면서 이 시인과 프루스트가 공유하고 있는 어떤 사상을 세밀히 분석한다.[10] 현재

---

[10] 벤야민이 인용하는 「만물 조응」의 첫 부분은 다음과 같다. "자연은 하나의 신전, 거기 살아 있는 기둥들은 / 알기 힘든 말소리 내고, / 인간이 상징의 숲속을 지나면 / 상징의 숲은 정다운 시선으로 그를 바라본다. // 밤처럼 낮빛처럼 광막한, / 어둡고 그윽한 통합 속에 멀리서 뒤섞이는 긴

에서 경험은 조각들로 분해되고 산개되고 있는데, 이것들이 온전히 한데 고이게 되는 것은 기억되는 과거의 어떤 늪 안에서이다. 만물 조응이라는 이념은 경험이 확실히 정착될 수 있게 해주는 제의적 요소에 해당한다. 익명의 도시 안에서 이루어지는 순간적인 접촉과 지나침 속에서 현재의 시간들은 원자들처럼 통합 없이 흩어지고 만다.

여기에서 기계적 매체의 문제점이 드러난다. 경험의 종합을 가능케 하는 것은 인간의 "비자발적 기억"인 반면, 카메라가 저장하는 이미지들은 "의지적 기억의 영역을 확장한다."(벤야민, 2010: 236) 베르그손의 용어를 빌리면 기계를 통한 이미지 처리는 단지 현실적 이미지들을 양적으로 증가시키고 그 저장 방식을 외재화할 뿐이지만, 인간에게 경험이 구성되는 것은 기억 속에 있는 잠재적 이미지를 중심으로 그것들이 결정화結晶化될 때이다. 여기에서 벤야민의 유명한 '아우라' 개념이 여러 방식으로 정의되어 등장한다. 우리는 벤야민의 문헌에서 이 개념을 정의하는 세 가지 대목을 찾을 수 있다.

(1) 아무리 가까이 있더라도 멀리 떨어져 있는 어떤 것의 일회적인 현상(벤야민, 2010: 50)
(2) 무의지적 기억에 자리 잡고 있는 어떤 관조 대상의 주

게아리처럼 향과 색과 음이 서로 화답한다."

위에 모여드는 연상들(벤야민, 2010: 236)

(3) 시선에는 그 시선이 향하는 대상에게서 응답이 올 것이라는 기대가 내재해 있다. 이 기대가 응답되는 곳에서는 아우라의 경험이 충만하게 이루어진다(벤야민, 2010: 240).

아우라는 기본적으로 시선의 대상에서 나타나는 특성이지만 세 가지 정의는 세 가지 다른 테마, 즉 각각 거리, 기억, 응답과 관련하여 제시되어 있다. 이들 사이의 관계는 별도로 엄밀한 연구의 대상이 되겠지만 여기에서는 잠정적으로 이렇게 말해도 좋을 것 같다. 현실적 이미지들이 잠재적 기억-이미지 중심으로 모여들 때 그것은 어떤 거리 속에서 나타나고, 또한 우리의 시선에 대해 응답한다. 만약 습관적이고 반복적인 시선 속에서 이미지들이 등장하고 사라진다면 그것은 어떤 깊이감도 없이, 그리고 어떤 응답도 없이 병치될 것이다. 벤야민이 기술복제시대의 이미지의 운명을 염려하는 것은 바로 이러한 이유 때문이다. 감각기관에 충격을 주는 이미지들의 범람 속에서 도시인들은 자신만의 경험을 구성하는 능력을 상실하고 있기 때문이다.

이러한 우려는 비단 인간의 삶에만 한정된 것이 아니다. 아우라의 문제가 더 근본적으로 중요한 것은 그것이 사물들의 고유한 시선을 개방시키는 역할을 하기 때문이다. "시선을 받은 사람이나 시선을 받았다고 생각하는 사람은 시선을 열게 된다. 어떤 현상의 아우라를 경험한다는 것은 시선을 여는 능력을 그 현상에 부여하는 것을 의미한다."(벤야민, 2010: 240) 벤야민에 따르면 이것이 시적詩的 창작의 원천이다. 한 사물은 시인으로부터 능력을 부여받아 시선을 개방하고, 그 안에서 시인은 그 사물이 꿈꾸는 것을 좇아가게 된다. 시인은 사물에 시선의 권리를 부여하고, 사물은 말하고, 다시 시인은 그 말이 약속하는 곳까지 멀리 가게 된다. 이 교감 속에서 인간과 사물은 상대 덕분에 다른 무엇이 되어가는 생성의 과정을 겪게 된다. 이것이 포에지poesie 또는 테크네가 야기하는 것이다(벤야민, 2010: 240, 각주 93).**11**

시선을 받는 것은 또한 시선으로 응답한다. 이것은 시적 사유를 요구한다. 그렇다면 매체화의 문제는 매체에 의해 포착되는 것, 매체에 의해 전달되는 것이 시선에 응답하는가이다. 그리고 오늘날 만물은 매체화되고 있지만 시선은 박탈되고 있다. 프랑스의 한 유명한 영화 평론가는 자신은 여행지에서 절대로 사진을 찍지 않는다고 말했다. 왜냐하면 그것은 이미지를 착취하고 시선을 박탈하는 것일 수 있기 때문이다. 그 대신 그는 그 지방 사람들이 그린 그림이나 그들이 찍은 사진을 구입한다. 이러한 행위는 이미지 윤리학의 최소치이자 최대치이다. 개인적인 실천이라는 점에서 최소치이지만, 예술 전체의 방향을 정한다는 점에서 최대치이다.

---

**11** 포에지와 테크네의 유사성에 대해서는 하이데거(2008: 46-47) 참조.

상징주의자들의 꿈이었던 만물 조응 이론은 만물의 매체화 시대에 그 의미가 혁신된다. 여기에는 많은 가능성과 그만큼 많은 위험이 내재해 있다. 영상 매체는 사물들이 사물들을 포착하는 위치에 시선을 가져다 놓을 수 있게 해준다.[12] 그러나 시가 꿈꾸었던 것처럼 매체들이 사물들의 시선을 열어주는가? 물론 시를 기술에 대립시키는 것은 핵심이 아니다. 벤야민도 반反기술적 예술관을 맹렬히 비판했다. 정확히 말하면 문제는 기술이 시에 도달할 수 있을 것인가 하는 것이다. 포에지가 사물에 시선을 돌려줄 수 있는 것처럼 테크놀로지도 피사체로부터 응답을 받을 수 있을 것인가. 백남준이 말한 것처럼 길 떠난 나그네가 보름달을 보면서 집에 남은 사람을 생각하듯이 1960년대 전자 시대 인류는 TV 화면을 보며 서로 연결되어 있다고 느꼈다. 그러나 오늘날에도 여전히 그러한지 물을 수 있다. 19세기 상징주의자들이 시에 부여한 꿈은 오늘날 기술에 의해 계승되고 재개될 수 있을 것인가. 이것은 1960년대 모더니즘 영화가 그토록 실현하고자 했던 목표이기도 하다.

---

[12] 영화가 어떤 점에서 인간의 지각에서 벗어나 사물들 사이의 지각에 근거하고 있는지에 대해서는 이찬웅(2020: 10장 2절) 참조.

3) 동물-되기

벤야민이 보들레르와 함께 만물의 평등성을 긍정하기 위해 시선의 개방을 요구했다면 들뢰즈는 생태학적 관계의 문제를 더욱 멀리까지 밀고 나간다. 들뢰즈와 과타리는 정신분석학, 인류학, 문학이 숱하게 많은 '동물-되기'로 가득 차 있음을 목격한다. 많은 학자가 이러한 되기/생성을 실재적인 것으로 포착하는 데 실패했던 것은 인간과 동물의 관계를 상상 또는 은유의 관계로 수용하려고 했기 때문이다. 그러나 인간과 동물의 관계는 인간학적 문화의 범주들 아래에서 실재로 강렬하게 작동하고 있는 변형적 에너지와 관련된다. 그것은 동물행동학의 변용태, 정신분석학의 정동, 영미 문학의 여행 속 자아 상실 등으로 표현된다.

들뢰즈와 과타리가 좋아하는 예시를 하나 들어보자. 말벌과 난꽃은 서로 공생symbiose의 관계 속에서 변화했다. 난꽃은 말벌을 유혹하기 위해 말벌의 뒷모습과 닮은 꽃술을 갖게 되었고, 말벌은 그 위에서 유사 성관계를 갖는다. 즉 말벌은 난꽃의 생식 장치의 부분이 되고, 난꽃은 말벌의 성관계의 부분 대상이 된다. 여기에 이중의 생성이 있다. 즉 '말벌의 난꽃-되기'와 '난꽃의 말벌-되기'가 있다. 전통적인 종적 구분을 횡단하는 이 동물-식물 짝은 아마도 진화론의 역사에서 가장 유명한 커플일 것이다. 찰스 다윈과 리차드 도킨스 모두 이 커플을 공진

화coevolution의 놀라움을 보여주는 예로 삼는다.[13]

이처럼 생물학적 공진화로부터 존재론적 생성 이론이 추출될 때 몇 가지 설명이 필요하다. 첫째, '난꽃의 말벌-되기'라고 말할 때 이는 앞서 강조한 것처럼 외형이나 형태에 따른 것이 아니다. 정동의 순환과 포획의 관점에서 말하는 것이며 따라서 말벌의 어떤 정동들을 난꽃이 포획, 전유한다는 것을 의미한다. 둘째, 'a의 x-되기'라고 말할 때 사실 x는 a의 목적지가 아니다. 목적지는 미리 정해져 있지 않다. 저 표현은 얼마간 편의에 따른 방식일 뿐이며, 정확히 말하자면 'a가 x와 더불어/x로 인해 다른 무엇인가가 되기'를 의미한다. 셋째, 생성의 블록에 참여하는 두 항은 서로의 공통의 지대, 식별 불가능성의 지대에 진입한다. 이로써 겉으로 보기에 각 개체는 자신의 고유한 종의 선을 따라 더욱 진화해가는 것이 아니라 역으로 복잡성을 상실하는 듯 보인다. 이는 생명이 '바깥으로 전개되면서 더 복잡해진다evolution'기보다 어느 부분이 덜 전개되면서 외형적으로 '뭉개진다'는 의미에서 involution이라고 할 수 있다.[14]

---

[13] 효율적이고 동종적인 진화라는 관념에서 벗어나는 '기이하고 비정상적이고 횡단적인' 동식물들의 공생의 다양한 예시는 크럼프(2010) 참조. 코뿔새와 몽구스, 벌새와 응애, 개미와 모기, 세균과 식물 등의 예를 볼 수 있다.
[14] involution은 원래 식물학에서 꽃잎이 모두 펼쳐지지 못하고 '비정상적으로' 두 꽃잎이 붙어서 안으로 말려 있는 것을 의미한다.

이 지점에서 들뢰즈와 과타리의 생성 이론은 일반적인 의미의 진화론에서 걸어진다. 생성은 진화처럼 형태의 복잡성의 증가를 의미하는 것이 아니라, 자신의 고유성을 상실하는 대가를 치르면서 새로운 정동을 획득하는 것을 의미한다. 그런데 이것은 통상적인 관점에서 말하는 존재의 사다리에서 낮은 단계를 향해 움직이는 것처럼 나타난다(Deleuze et Guattari, 1980: 17, 291-292; 들뢰즈·과타리, 2001: 25, 452-454).

말벌과 난꽃의 사례는 생성 이론의 범례에 해당하지만, 여기에는 한 가지 중요한 요소가 빠져 있다. 그것은 권력이라는 요소이다. 생성 이론을 실천학의 영역으로 확장하려고 할 때 고려해야 하는 것은 인간은 언제나 권력의 장 안에서 살아간다는 점이다. 기울어진 권력의 장 안에서 두 항은 대등하게 만나지 않으며, 이중의 생성은 쌍방향적으로 일어나지 않는다. '정상적normal'이라는 말은 실제로는 '규범norm'을 부여할 수 있는 권력을 가진 집단의 가치를 지시한다. 인간/북미-유럽/백인/남성/성인/이성애자가 그러한 다수/주류적인majoritaire 위치를 점한다면, 동식물/아시아-아프리카/유색인/여성/아이/동성애자는 그에 상응해서 소수자/비주류적minoritaire 구간에서 움직인다. 그런데 인간과 동물이 만나는 생성의 사건에서 '인간의 동물-되기'와 함께 벌어지는 것은 '동물의 인간-되기'가 아니라 '동물의 다른 무엇-되기'이다. 중심부의 다수/주류적인 집단은 언제나 규범과 형상form('인간다움', '남자다움' 등)을 부여하며, 이것으로 빨려드는 것은 생성이 아니다. 그것은 형상의 부과formation일 뿐이다. 생성은 언제나 그 바깥으로 벗어나는 움직임을 말한다. 들뢰즈와 과타리는 이처럼 생성 이론과 권력 이론을 결합해 사회적 실천학을 구성한다. "포크너의 말대로 파시스트가 되지 않으려면 흑인-되기 외에 다른 선택은 없었다."
(Deleuze et Guattari, 1980: 358; 들뢰즈·과타리, 2001: 552)**15**

## 4. 기호와 조에

지금까지 인간이 생태 및 기술과 맺고 있는 관계를 분리 불가능한 것으로 수용할 때 신체와 매체의 수준에서 어떤 변화가 나타날지 살펴보았다. 이러한 변화는 이미 다소간 나타나고 있다. 이 절에서는 조금 더 원론적인 관점에서 인문학 작업이 나아갈 방향을 살펴보고자 한다. 서양철학의 전통적인 두 축, 즉 정신적인 영역과 신체적인 영역을 나누어서 각 영역이 어떻게 앞으로 전개될 것인지 짐작해보자.

인간은 세계와 의미를 소통하며 물질을 교환한다. 단순한 말로 보이지만 좀 더 설명할 필요가 있다. 도식을 하나 그려보자

---

**15** 들뢰즈와 과타리의 정동 이론을 설명하는 위 두 단락은 편의상 이찬웅 (2020: 191-193)에서 가져왔다. 보다 더 자세한 내용은 해당 책의 6장 참조.

(〈그림 1〉 참조). 원 두 개를 그리고, 안쪽 원을 인간, 바깥 원을 세계라고 해보자. 그리고 두 원을 수평으로 가로지르는 점선이 있다. 점선 위쪽은 의미론의 영역이고, 점선 아래쪽은 생물학의 영역이다. 이렇듯 인간과 세계가 접해 있는 접면接面은 크게 둘로 나눌 수 있다. 위쪽 접면에서는 인간의 삶에 가치를 부여하는 의미의 발생이 이루어진다. 철학자들은 세계의 의미론적 영역을 '이념'이라고 불렀다. 아래쪽 접면에서는 신체의 항상성을 유지하기 위한 물질이 교환된다. 철학의 오래된 용어를 빌리자면 아래쪽 절반을 연구하는 분야를 '자연학physics', 위쪽 절반을 탐구하는 분야를 '자연학 다음의(또는 너머의) 학문', 즉 '형이상학metaphysics'이라고 부를 수 있다.

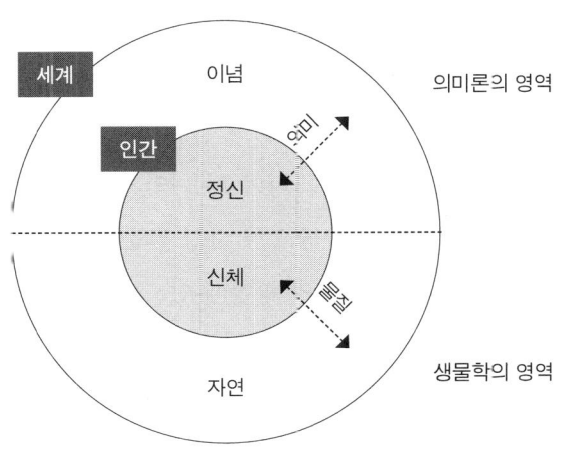

〈그림 1〉 다이어그램

아주 단순화된 도식이긴 하지만 이러한 구도를 염두에 두고 말하면 근대 이원론의 핵심은 엄격한 이중의 구분이다. 첫 번째 구분은 안쪽 구의 안과 밖의 성격을 분명하게 다른 것으로 이해하는 것이다. 즉 인간적인 것 내부에 능동성과 자율성이 부여되는 데 반해 그 바깥의 자연은 수동적이고 타동적인 것으로 간주된다. 두 번째 구분은 인간의 구 안쪽이 정신과 신체라는 두 요소로 이루어져 있다고 말하는 것이다. 그리고 서로 다른 본성을 갖는 이 두 가지 요소에 능동과 수동이 다시 한번 배분된다. 즉 의미의 층위가 능동적이고 신체의 층위가 수동적인 관계가 성립되는데, 이때 의미를 관장하는 정신의 위치는 견고한 반면 인간의 신체는 이중적인 지위를 가진 것이 확인된다. 인간의 신체는 자연의 물체와 달리 능동적이어야 하지만, 정신에 대해서는 수동적이어야 하기 때문이다. 근대 서양에서 인간 신체가 이해되는 방식이 기계론과 유기체론 사이를 오갔던 것은 이러한 이유로부터 연원한다고 할 수 있다.

오늘날 인간을 생태 그리고 더 나아가 기계의 세계 안에 새롭게 위치시키는 것이 중요한 사상적 문제라는 데 동의한다면 그 기획의 핵심은 두 가지 방향에 있을 것이다. 하나는 구의 안과 바깥 사이의 관계인데, 인간과 자연을 불연속적으로 바라보지 않고 같은 수준 위에 연속적으로 놓는 것이 필요하다. 다른 하나는 구 안쪽의 두 반구 사이의 관계인데, 의미와 생명이 위계적으로 분리되지 않고 상호 얽혀 있다는 점을 해명해야 한다.

그렇다면 이제 인본주의(또는 이것의 인간중심주의적 측면)의 이원론과 생태주의의 일원론에 기반한 사유들이 의미와 생명의 영역에서 서로 어떻게 맞서는지 살펴보자.

1) 상징에서 기호로

현대 기호학은 소쉬르의 언어학에 기반을 두고 있다. 그에 따르면 기호는 두 부분으로 쪼개져 기표와 기의로 이루어져 있다. 하나의 기표가 하나의 기의와 관계 맺는 것, 즉 의미 작용 signification이 가능한 자격 내지 가치는 그 내부에 있지 않다. 그것은 많은 기표가 형성하는 기표의 망 위에서 그 기표가 차지하는 위치에 있다. 즉 서로 만나는 것은 하나의 기표와 하나의 기의가 아니라 기표의 망과 기의의 망 전체이고, 이렇게 해서 한 쌍의 기표와 기의가 담긴 분절들이 생겨난다. 그러므로 기표와 기의는 자연적이거나 본질적인 관계가 아니고 임의적이며 규약적이다. 그리고 실질적으로 이 분절을 주도하는 것은 기표이다. 다시 말해 인간이 사용하는 기표의 체계가 형태 없는 기의 덩어리인 세계를 이렇게 저렇게 자르는 것이다.

스쉬르의 이론은 관념론이 현대 언어학에 스며든 결과를 보여준다. 여기에서도 인간의 문화를 두차별한 자연으로부터 보호하고, 그 영역 안에서 정신의 능력을 재확인하는 것을 볼 수 있다. /나무/라는 기표는 [나무]라는 기의를 가리킬 필연적 이유가 없는데, 인간은 그리고 인간만이 이런 관계를 개념적 차원에서 조작할 수 있기 때문이다. 이러한 기호 개념은 인간만이 사용하는 상징의 특징을 보여준다. 현대 주류 기호학은 이렇게 확립된 언어학적 원리를 여러 영역으로 확장하는 작업이었다. 그러므로 언어학에 기반한 기호학의 구성은 인간만이 사유하고 의미 작용을 한다는 전제를 함축하고 있다. 이것을 넘어서는 기호론의 기획은 따라서 다음과 같은 질문을 동반한다. 인간 외에 다른 존재들도 생각을 하는가? 만약 그렇다면 그것들을 포괄하는 일반 기호론은 어떤 모습인가?

그 답을 얻기 위해서는 동물행동학이나 생태학을 참조하는 것이 유용할 것이다. 대표적인 작업으로서 윅스퀼의 『동물들의 세계와 인간의 세계』 같은 책은 깊은 영감을 제공한다. 그는 동식물들의 지각 및 행동과 긴밀하게 연관된 의미 작용의 세계를 풍부한 방식으로 보여주었다. 보다 최근 작업인 에두아르도 콘Eduardo Kohn의 『숲은 생각한다』의 중심 아이디어는 우리에게 하나의 돌파구를 제공한다. 그는 찰스 퍼스Charles Peirce의 기호론을 방법론적 도구로 삼고 아마존강 상류의 루나족의 생활을 예시로 삼아 새로운 기호론을 시도한다. 찰스 퍼스의 기호론은 삼원론적 요소를 기반으로 삼고 있다. 순수한 성질을 함축하는 일차성, 물리적 충돌을 암시하는 이차성, 법칙적 규칙에 기반하는 삼차성이 그것이다. 퍼스는 이것들을 각각 도상icon, 지표index, 상징symbol이라고 불렀다. 에두아르도 콘은 이것에 상응하는 풍부한 예시들을 아빌라의 숲에서 찾아 제시한다. 예를 들어 '추푸'라는 의성어가 있는데 이는 "어떤 것이 말에 맞닿은 후 물의 표면을 뚫고 들어가는 것"(콘, 2018: 55-56)을 의미하며 도상에 해당한다. 나무 덩굴을 잡아당기는 행위는 몸을 숨긴 원숭이를 위협할 수 있기 때문에 지표에 해당한다. 규약에 의해 사용되는 부족의 단어들은 상징에 해당한다.

퍼스의 기호론에 기반한 숲의 기호계는 소쉬르를 기원으로 하는 기호학과 대비된다. 퍼스식의 분류에 따르면 소쉬르가 말하는 기호란 사실 상징에 불과하다. 기호의 세계는 훨씬 더 다양하고 풍부하다. 아마존의 숲은 인간과 동식물을 포함하며, 순간적 사건을 암시하는 도상과 행동을 요구하는 지표가 상징 못지않게 가득하다. 퍼스의 기호론은 인간 언어를 출발점으로 삼지 않고 수학적이고 형식적인 과정을 통해 증식된다. 그것의 비인간적 성격은 이 생태계 안에서 인간, 동식물, 빗방울, 바람 소리를 모두 동등하게 포괄할 수 있는 일반 기호론을 전개할 수 있게 해준다. 그것은 인간이 사용하는 상징을 배제하지 않으면서 상징을 도상과 지표로부터 추상화된 것으로 이해할 수 있게 해준다. 그리고 근본적으로 도상과 지표가 대지와 연결되어 있다는 점에서 기호와 물질은 뒤엉켜 있음을 일깨워준다. 우리는 그것을 "살아 있는 기호"라고 말할 수 있을 것이다.

에두아르도 콘이 '생각하는 숲'을 가로질러 여행하며 그 안에 우글거리는 기호들을 채집할 때, 독자는 이 이론이 텍스트와 디지털에 기초한 도시 문명을 비판하는 함의가 있다는 점을 깨닫게 된다. 현대의 문명은 자연의 살아 있는 기호와의 접촉을 상실하게 하고, 이것은 현대인들에게 만연한 정신적 질병의 주요 원인이 된다. 즉 인간 성인이 겪는 심리적 공황 상태는 대지와 물질과의 접지grounding를 상실했기 때문에 발생한다는 것이다. 이를 이어받아 조금 확장해서 말하자면 정신과 물질을 분리시키는 모든 이원론은 사상과 삶의 공황 상태를 야기하는 원인일 수도 있을 것이다. 결국 여기에서 발견할 수 있는 사실은 소쉬르가 언어학에서 배제했던 자연 기호들(주로 의성어나 의태어)이 대지에 깊이 박힌 일차성의 기호로서 숲의 생태학 안에 가득하다는 것이다. 이는 현대 기호론이 소쉬르의 언어학과 단절하고 동물행동학과 생태학 등과 긴밀히 연동되어야 한다는 점을 함축한다.

2) 비오스에서 조에로

생명의 접면과 관련해서는 '조에'와 '비오스'를 이해하는 대립적인 입장들을 생각해볼 수 있다. 고대 그리스어에서 생명/삶life을 의미하는 어휘는 두 가지다. 조에zōē는 동물적 생명을, 비오스bios는 인간적 삶을 의미한다. 이것들을 현대적으로 개념화하는 이론들은 대표적으로 다음과 같은 상반된 입장을 표명한다. 조르조 아감벤Giorgio Agamben은 이론과 실천이 근거해야 하는 생명이 비오스라고 주장하는 반면, 반대로 들뢰즈와 로지 브라이도티Rosi Braidotti는 조에에 주목해야 한다고 강조한다.

먼저 아감벤은 아우슈비츠 수용소의 비극에 이르게 된 유럽 근대 정치가 파산 직전의 상태에 놓여 있으며, 이는 근본적으로 그것이 잘못된 전제에 기반하고 있기 때문이라고 주장한다(아감벤, 2008: 35-45). 그러한 오류가 발생한 것은 근대 정치가 고대 그리스 정치학의 이념에서 이탈했기 때문이다. 아리스토텔레스는 생명/삶을 가리키는 말 중 '조에'와 '비오스'를 이렇게 구분한다. 전자는 단순히 생존을 의미하는 생명을 가리킨다면 후자는 폴리스 안에서 역할과 의미를 부여받은 삶의 방식을 의미한다. 그리고 정치학은 비오스를 해명하고 추구하는 것으로 정의될 수 있다.

그런데 아감벤에 따르면 고대 정치학의 이념과 달리 근대 정치는 국가가 단순히 조에를 약속하는 것에서 출발했다는 점에서 한편으로는 빈약하고 다른 한편으로는 위험한 함의를 품고 있다. 이로써 근대국가는 국민의 생명과 생활을 직접적으로 관리, 통제하려는 목표를 갖게 되었기 때문이다. 생명을 대상으로 하는 근대 정치와 그것에 대한 분석은 푸코와 아감벤에 의해 '생명정치bio-politique'라 명명되었다. 인구조사, 보건 관리, 가족계획 등을 통해 국민의 생명과 신체는 권력 앞에 가시화되고 직접적으로 관리의 대상이 된다.

현재의 코로나 상황은 생명정치의 유효성과 한계를 동시에 드러내는 것 같다. 생명정치의 관점에서 볼 때 역학조사를 위해 휴대폰 위치 추적으로 확진자들의 동선을 확인하고 공개하는 것은 전형적으로 생명을 명분으로 국민의 생활과 신체를 통제하는 일이다. 그런데 오늘날 우리는 생명정치의 역전된 버전을 경험하고 있는 것은 아닐까? 푸코에 따르면 근대 이전까지 생명과 정치는 각각 사적인 영역과 공적인 영역으로 분리되어 있었으나, 근대에 들어와 정치가 생명 자체까지 포괄하게 되었다. 그는 "근대적 인간은 생명 자체가 정치에 의해 문제시되는 동물이다"라고 적었다(Foucault, 1994). 그러나 오늘날 우리는 전 지구적 생태 위기, 확산된 기후 위기, 인수 공통 감염 전염병의 전 세계적 유행 등으로 인해 정치 자체가 마비되는 것을 목격하고 있다. 더 나아가 생명의 위협 때문에 사회적 약자일수록 경제적, 정치적 한계 상황을 경험하고 있다. 그러므로 푸코의 말을 반대로 고쳐 쓸 수 있을 것이다. '현대적 인간은 정치 자체가 생명에 의해 문제시되는 동물이다.'

생명정치의 기획은 서구 근대 정치의 문제의 한 측면을 생생하게 드러내면서도, 그것이 기반하고 있는 개념적 구도 자체가 인간중심주의적, 문화중심주의적이라는 문제를 갖고 있다(브라이도티, 2015: 144-158). 생명정치는 생명이 인간적 상황 또는 정치적 구성에 의해 위협받고 관리당하는 것만을 생각했다. 생명과 정치가 중첩되는 절묘한 지점을 포착하는 데 기여하긴 했으나 그것은 전형적으로 20세기 유럽의 상황 속에서 구성된 것이었다. 시민의 신체에 코드를 기입하는 국가의 강력한 권력에 대해서는 우려했던 반면, 그들의 생활 조건은 안정되고 풍족했기 때문에 사회 바깥의 자연으로부터 오는 생태적 위협은 고려할 필요가 없었다.

생명정치란 말이 오늘날 유효하다면 그 내포를 전적으로 교정해서 사용해야 할 것이다. 생명을 정치의 대상으로만 보는 게 아니라 주어의 자리에 놓을 수는 없는지 생각해야 한다. 즉 정치가 벌거벗은 생명을 통치 대상으로 삼는다는 뜻이 아니라 가능한 한 모든 생명이 정치에 직간접적으로 참여할 수 있는 가능성과 그 범위를 탐색하는 작업이라는 뜻을 가져야 하는 것이다. 이로써 조에, 즉 비인간적 생명에 대한 강조는 긍정적인 의미를 얻게 된다. 그것은 정치적 삶이 박탈된 비루한 삶을 가리키는 것에서 벗어나 모든 생명을 일의적이고 동등하게 긍정하는 바탕이 된다. 그러한 정치가 가능하다면 그것은 생태정치라 불러야 더 적절할 것이다.

인간중심주의를 비판하고 대안적 이론을 모색하는 일에는 고유한 어려움이 있다. 무엇보다 양극단의 함정을 피해야 할 것이다. 한쪽 극단은 인간의 사고방식과 언어 구조를 가지고 동식물의 활동 방식을 포착하는 것은 어차피 불가능하다는 입장이다. 아무리 우리가 세계를 탐구한다고 해도 인간이 갖는 지식과 의미와 도덕 체계는 근본적으로 인간이 선천적으로 가지고 있는 범주들로부터 도출된다는 것인데, 이를테면 칸트의 입장이 그렇다고 할 수 있다. 반대의 극단은 부지불식간에 인간의 정서와 권리를 동식물에게 이식해 일종의 의인화를 하면서 평등한 공존의 기반을 마련했다고 착각하는 것이다. 예를 들어 생각해 보면 아파트에서 사는 강아지가 인간과 같은 기분을 느낄지는 매우 의심스럽다.

불가지론과 의인화의 위험에도 불구하고 생태적 관계 전반을 (더 나아가 기술적 관계까지) 토대로 하는 새로운 이론과 실천은 실제로 가능할까? 이 시점에서 사유란 언제나 어디론가 넘어가는 것이었음을 다시 한번 상기해야 할 것이다. 사상사를 되돌아보면 사유가 향해 있는 방향이 점점 '하강'했던 것을 알 수 있다. 즉 차례로 신적인 것, 고귀한 신분, 그리고 인간 내부의 층위를 향해 넘어갔던 것을 알 수 있다. 그리고 이제 에코-테크네 인문학이라는 이름을 통해 동식물과 기계를 향해 넘어가야 하는 때임이 촉구되는 것이다. 이 주제와 관련된 회의론은 과장되어 있다. 우리는 물 분자의 움직임을 이해하고 있다고 말하는 화학은 부정하지 않으면서 왜 생태적 관계들 역시 이해할 수 있다는 주장에는 회의적인 걸까? 물론 인간과 비인간을 구분 짓는 장벽을 조심스럽게 넘어가면서 다양한 존재를 동등하게 긍정할 수 있는 사상적 기반을 마련하는 것은 어려운 일이다. 그 이유는 이론이란 인간적인 형식인데 그 안에 비인간과 관련된 내용을 담아야 하기 때문이다. 다만 그 방향에 대해서는 간략히 이렇게 말할 수 있을 것이다. 한편으로 의미의 층위에서는 인간적 상징에서 생태-기술적 기호로, 다른 한편으로 생명의 층위에서는 인문적 비오스에서 비인간적 조에로 각각 나아가야 한다.

## 5. 숲의 시선, 자연-되기

서양철학사를 되돌아볼 때 그 다양성에도 불구하고 철학이 추구한 목표는 항상 우주를 사유하면서 동시에 그 안에 거주의 자리를 마련하는 것이었다고 해도 크게 틀린 말은 아닐 것이다. 카오스로부터 우리를 보호하면서 최소한의 울타리를 지어야 하지만, 또한 그 울타리는 절대적으로 폐쇄적일 수는 없고 바깥과 어떤 요소들 그리고 힘들을 교환해야만 한다. 울타리의 경계는 다시 흐트러지고 새롭게 확정되어야 할 필요성이 생겨난다. 오늘날 그 필요성은 인간과 언어 사이의 탯줄이 끊어지면서 인간성의 안온한 장소가 사라지고 있다는 점에서 생겨난다. 이제 울타리는 생태의 필요성과 기계의 영향력에 대한 지각 속에서 새롭게 구성되어야 한다.

1960년대 백남준은 전자 매체의 충격 속에서 생명과 기계가, 신체와 매체가 수렴해가는 중요한 현상을 목격했다.[16] 그의

---

[16] 백남준의 작품에 대한 분석은 이 책의 6장 참조.

TV 화면 속 인물들은 이미지로 흔들리고(〈굿모닝 미스터 오웰〉, 1984), 급기야 그의 설치-조각에서 신체 기관들은 TV를 운반한다(〈칭기스칸의 복권〉, 1993). 그가 인간-기술-자연이 함께 관여하는 생태계를 생각했던 것은 분명하다. 〈TV 정원〉(1974)에서 나무의 푸른 잎과 TV 화면은 그것들이 모두 파장으로서 구분되지 않는다는 점을 드러낸다. 이처럼 오늘날 인간의 거주는 생명권과 기계권mecanosphere이 지구의 표면 위에 겹쳐지는 가운데 사유될 것이다.

이것은 자연을 보호해야 한다는 구호나 기술에 대한 극단적인 두 가지 태도(기술 애호technophilia와 기술 혐오technophobia)를 비껴갈 것을 요구한다. 인간은 동식물 및 기계와 관계 맺으면서, 시선, 정동, 테크네, 모티프를 교환하면서 살아왔다는 점이 역사적으로 재서술되어야 하고, 문학적으로 다시 상상되어야 하고, 철학적으로 새롭게 해명되어야 한다. 벤야민이 말하는 것처럼 모든 존재 사이의 가장 근원적인 관계는 시선의 상호 조응에서 출발한다. 오늘날 우리는 1인 미디어를 통해 잠들어 있던 사물들의 시선을 개방하고, 나무의 표현 방식을 배울 수 있을 것인가? 더 나아가 들뢰즈와 과타리가 말하는 것처럼 그렇게 개방된 시선 안에서 교환되고 전송되는 정동들을 획득해 소수자-되기를 할 수 있을 것인가?

서양철학사에는 크게 두 가지 대립되는 실천학의 입장이 있었다고 할 수 있을 것이다. 하나가 인간 안에서 인간성을 끌어내고 그것을 실현하고 강화하는 것이라면, 다른 하나는 인간은 인간 아닌 다른 무엇이 되어야 한다는 것이다. 이 장에서는 후자의 입장에서 조금 더 멀리 나아가보고자 했다. 이런 관점에서 볼 때 인간은 그 자체로는 너무 애매한 존재이다. 실체라기에는 너무 많은 것에 의존하고 있고, 주체라고 주장하기에는 자기 자신에 대해 무지하기 때문이다. 우리가 인간 바깥에서 찾을 수 있는 모델 또는 파트너로는 동물이나 나무처럼 작은 것이나 아니면 강江이나 지구처럼 거대한 것이 있다. 이런 것들과 함께 살아가는 가운데 루크레티우스의 분자-되기나 스토아학파의 우주-되기 같은 것이 일어난다. 그렇지만 너무 작은 것이나 너무 큰 것은 서로 그렇게 다르지 않다. 나무의 시선을 거쳐 숲의 시선을 획득하고, 동물-되기를 거쳐 자연-되기에 도달하기 때문이다. 그리고 앞으로 우리에게 던져진 과제는 스마트폰, 디지털카메라, 유튜브, 자율주행자동차, 사물인터넷과 같은 기계가 그런 작업을 수행하기 위한 파트너가 될 수 있는지 탐구하고 실험하는 것이다.

# 2장 생명과 기계를 구분하는 세 가지 방식

2014년 6월 손정의 소프트뱅크 회장은 "최초의 감정 인식 로봇" 페퍼를 공개했다(〈그림 2〉 참조). 페퍼는 사람처럼 수줍어하기도 하고 대화가 만족스러우면 흐뭇해하기도 한다. 손 회장은 다음과 같이 말했다. "지금까지 로봇은 감정이 없었다. 그런데 역사상 처음으로 사람의 마음과 감정을 집어넣은 로봇이 페퍼다. 로봇은 앞으로 다양한 장소에서 사람과 함께 살아갈 것이다."(구본권, 2015: 188)

오늘날 생명과 기계는 수렴하고 있다. 위에서 인용한 선언은 이러한 혼합과 혼종의 미래를 단언하고 있다. 생명 기술(BT)과 정보 기술(IT)의 전례 없는 발전 속에서 기계는 점점 생명체의 성격을 띠고 생명은 더욱 기계적 성격을 드러내고 있다. 기계와 생명의 모습은 우리에게 익숙했던 구역을 떠나 새로운 영토를 향해 떠나는 듯 보인다. 이러한 혼합의 양상은 인식과 가치

〈그림 2〉 손정의 소프트뱅크 회장과 감정 인식 로봇 페퍼 ⓒ 연합뉴스

의 측면에서 커다란 과제를 제시한다. 이러한 변화는 어떻게 포착할 수 있는가? 그리고 우리는 어떤 방향으로 실천적인 관심을 위치시켜야 하는가? 인류는 지금 혼란을 겪고 있지만 사실 이 혼란은 기계와 생명의 관계에 대한 상이한 이해가 공존하고 있기 때문일지도 모른다. 즉 일반적인 인상과 달리 생명과 기계는 그 자체로 자명한 것이 아니며, 양자를 구분하는 여러 가지 방식이 있는 것이다. 어떤 과학자는 동물에게서, 심지어 인간에

게서 기계적인 작용과 반작용만을 발견한다. 하지만 반대로 영화 〈그녀Her〉(2013)에서처럼 어떤 외로운 사람은 휴대폰 속의 인공지능 비서에게 친구처럼 말을 걸기도 한다. 그렇다면 '생명과 기계는 무엇인가'라는 질문은 '이것들이 우리에게 어떻게 이해되는가'라는 질문으로 바꾸어 묻는 것이 보다 적절할 것 같다. 요컨대 생명과 기계라는 말은 무엇을 '의미'하는 것인가?

의미 작용의 단절과 상이성이라는 문제를 포함하고 있는 이 주제에 접근하기 위해 다음에서 출발점을 찾고자 한다. 캐서린 헤일스Katherine Hayles는 『나의 어머니는 컴퓨터였다』에서 의미 작용의 세 가지 체제를 구분한 바 있다. (1) 말하기, (2) 글쓰기, (3) 코드 체계가 그것이다. 이 세 가지 체제는 근본적으로 상이해서 서로 호환되지 않는다. 이것들은 각각 이론적 참조점으로서 플라톤, 데리다 그리고 캐서린 헤일스 본인을 가리키고 있다. 이 이론은 역사적으로 음성언어, 문자언어, 코딩 언어의 순으로 다양하게 변화한 의미 작용의 방식들에 따라 차례로 변모한 사유 방식을 포괄적으로 바라볼 수 있게 하면서 동시에 그것들 사이의 불연속성을 포착하게 해준다(헤일스, 2016: 2장).

그 내용을 차례로 요약하면 다음과 같다. (1) 말하기와 의미는 이념Idea 안에서 동일성을 향유한다. 이렇듯 의미가 충만하고 정합적이면서도 자유로운 말을 그리스인들은 로고스라고 불렀다. (2) 반면에 글쓰기 안에서 의미는 기표들 사이에서 미끄러지고, 이때 의미 작용은 은유를 통해 이루어진다. 데리다는 이러한 간격, 또는 차라리 그것의 초월론적 조건을 (기존 철자의 e가 아니라 a를 써서) '차이差移différance(공간적 차이+시간적 지연)'라고 명명했다. 여기에서 의미는 필연적으로 다의적이다.[1] (3) 끝으로 컴퓨터 프로그램 안에서 코드의 의미는 구체적인 실행을 지시한다. 여기에서 중요한 것은 위의 경우와 반대로 다의적 해석의 여지가 없어야 한다는 것이다. 코드는 일의적이고 명료한 명령의 전달을 목표로 한다. 만약 컴퓨터 프로그램 안에서 다의적 해석이 허용된다면 그 연산의 결과가 사용자 입장에서 그다지 쓸모없거나 심지어 해로울 것이라는 점은 능히 짐작할 수 있다.

달하자면 이 세 가지 방식이 잘 드러나는 분야는 각각 철학적 사유, 문학적 서사, 공학적 실행이다. 여기에서 의미 작용이 가능해지는 세 체계의 중심점은 이념(또는 개념), 은유, 작동이다. 오늘날 생명과 기계의 관계를 이해하기 위해 이 세 가지 관점에서 출발하는 것이 우리에게 도움이 될 것 같다. 이 장에서는 이 세 가지 관점에 따라, 그리고 각각의 경우에 적합한 철학자들의 사유를 떠올려보면서 차례로 생명과 기계가 구분되고 중첩되는 양상을 살펴보고자 한다.

---

[1] '차연'이 아닌 '차이差移'라는 번역어의 제안에 대해서는 데리다(1994: 199, 역자의 용어 해설) 참조.

## 1. 개념의 관점에서

생명과 기계는 철학사에서 아주 오래된 문제로, 양자 사이에는 내내 밀고 당기는 긴장이 있었던 것 같다. 한편으로 기계는 생명체를 모방하지만 완전성과 자족성에서는 그에 미치지 못하는 것으로 이해되었다. 다른 한편으로는 기계의 정합적이고 합리적인 작동을 모델로 해서 생명체 유지의 신비가 파악되었다. 우리는 양자의 관계에 주목하여 서양철학사의 시원까지 거슬러 올라갈 수도 있을 것이다. 이 장에서는 서양의 근대가 구획되었던 시점에서부터 출발해보자. 주지하다시피 데카르트는 동물의 신체를 기계와 같은 것으로 개념화하였다. 이 점에 있어서 인간의 신체는 동물의 신체와 거의 다르지 않다.[2] 다만 인간의 고유성은 동물과 달리 영혼을 부여받았다는 점에 있다. 즉 인간은 신체와 영혼의 결합이다. 이는 이후 일련의 이원론적 대립 쌍, 즉 유기체와 기계론, 자유와 필연, 목적성과 인과성 등으로 이어진다.

[2] 데카르트의 『성찰』에서 여섯 번째 성찰 참조. "톱니바퀴와 추로 되어 있는 시계가 … 자연의 모든 법칙을 정확히 지키고 있듯이 내가 만일 인간의 신체를 뼈, 신경, 근육, 혈관, 혈액 및 피부로 잘 짜여진 일종의 기계로 간주하고, 정신이 이 속에 전혀 깃들어 있지 않아도 지금 내 신체가 의지의 명령 없이 행하는 운동 및 정신으로부터 야기되지 않는 운동과 동일한 운동을 이 기계가 하고 있다면 인간 신체도 자연의 법칙을 정확히 지키고 있는 것이다."(데카르트, 1997a: 115-116)

이것이 데카르트가 설립한 근대 이원론적 세계이다. 고대 아리스토텔레스의 자연학에서 종種만큼 많았던 실체는 이제 신체와 영혼이라는 단 두 가지 실체를 기준으로 삼는 평면 위로 수렴되어 놓이게 된다. 양자는 서로 다른 두 원리에 속하는데, 문제는 '이것들이 어떻게 같은 세계 안에 공존하는가?'였다. 이것은 이후 근대 철학자들이 답해야 하는 중심 문제가 되었다. 우리가 다루는 문제와 관련하여 이 질문을 좀 더 좁혀 표현하면 '기계류와 유기체는 어떻게 구분되고 또 어떻게 관계되는가?'가 된다. 이와 같은 쟁점에 대해서는 무엇보다 라이프니츠와 칸트가 제시한 해결책을 살펴보는 것이 흥미로울 것 같다.

### 1) 칸트의 경우

먼저 칸트의 제안은 구성적 개념과 규제적 개념이라는 두 가지 차원의 개념을 구분하는 것이다. 우리는 구체적인 연구를 통해 자연의 요소들이 형성하고 있는 기계론적 인과성을 파악할 수 있다. 이때 기계론적 인과성은 구성적 개념에 해당한다. 그런데 우리는 기계론적 인과성을 넘어 각 유기체에 어떤 자기 목적이 담겨 있다고 상정할 수도 있다. 예를 들어 모르포Morpho 나비가 아름다운 코발트블루색을 띠는 것에는 나름의 목적이 있다고 볼 수 있는 것이다. 우리는 그러한 목적이 실제로 있는지 증명할 수 없지만 그럼에도 그렇게 상정하는 것은 자연을 더 잘 이해할 수 있도록 방향을 제시한다. 그러한 목적에 따라 유기체의 신체가 구성되었다고 가정할 수 있기 때문이다. 이러한 관계는 목적론적 인과성이라고 불리고, 이것은 규제적 개념에 해당한다.

요컨대 유기체에 어떤 목적이 내포되어 있다고 보는 것은 그것이 작동하는 기계론적 인과성을 더 잘 연구할 수 있게 해준다. 코끼리는 왜 하필 짧은 코가 아니라 긴 코를 가지게 되었고 그 긴 코를 활용해 이런저런 행동을 하는가? 이를 이해하기 위해서는 그것이 우연이 아니라 코끼리에 내재한 어떤 목적에 따라 조직되어 있다고 간주해야 합리적이고 연구에 있어서도 실질적으로 더 유익한 것이다. 물론 코끼리가 이 세계에 존재하는 목적 자체는 우리가 파악할 수 있는 것이 아니다. 자연의 유기체들을 이끌어가는 목적들은 분명 존재할 테지만 이는 인간의 과학적 이해 범위 바깥에 있는 것이다(칸트, 2009: 426-433, 65절).

다윈 이후의 시대에 살고 있는 우리에게 칸트가 내놓은 주장의 한계를 지적하는 것은 어렵지 않다. 진화론의 관점에서 볼 때 각 종의 고유한 목적 같은 것은 존재하지 않는다고 말할 수 있다. 하지만 칸트가 속했던 시대를 고려해 우리는 그의 주장의 취지를 이해할 수 있다. 그리고 사실 이는 현재 우리의 일상적인 상식에도 얼마간 부합한다. 이를테면 한 아이가 호기심 때문에 장난감 로봇을 분해해보는 것과 살아 있는 고양이를 해부하는 것은 비슷한 것으로 수용되지 않는다. 전자는 그런대로 허용되거나 심지어 권장되기도 하겠지만, 후자의 경우에는 다시는 그런 짓을 해서는 안 된다고 야단을 맞기 십상이다. 그 이유는 아마도 장난감 로봇의 존재 이유는 아이의 놀이이지만, 고양이에게는 인간이 완전히 이해할 수 없는 존재 목적이 있기(또는 그렇다고 간주되기) 때문일 것이다.

이러한 구분은 인과성에 대한 합리적 추구라는 가치와 유기적 조직체들에 대한 직관적 존중이라는 가치를 모두 단족시킨다. 칸트는 일관되게 이해와 존중이라는 두 가치 내지 태도를 구분하면서 자신의 체계를 구축하는데, 이는 근대인이 자연을 대하는 두 태도를 단적으로 대표한다. 한편으로 자연은 부분들의 인과적 영향으로 환원되어서 '이해'되겠지만, 다른 한편으로 각각의 유기체들, 그리고 이 유기체들 전체가 형성하는 자연에 담겨 있을 목적을 인간은 자신의 이해 범위 너머에서 '존중'해야 한다. 이 두 관점은 서로를 보완하면서 동시에 긴장을 내포하고 있기도 하다. 생명은 한편으로 기계와 같은 것으로 파악되고, 그 결과 갈수록 점점 더 많은 기관이 유사 기계로 제작된다. 하지만 다른 한편으로 생명은 부분들의 합으로 환원될 수 없으며 그 자체로 무조건적으로 존중되어야 한다. 앞으로 미래 사회에서도 이 두 관점이 공존할 수 있는가, 아니면 대력적으로 불화를 일으킬 것인가가 중요한 문제가 될 것이다.

2) 라이프니츠의 경우

칸트를 거치면서 근대의 생명 이해가 명료한 정식을 얻었다면 현대적인 관점에 보다 더 많은 영감을 제공하는 것은 (연대기적으로는 더 앞선) 라이프니츠의 철학이다. 라이프니츠의 구분은 칸트와 어떻게 다를까? 라이프니츠는 신적 지성과 인간적 지성 사이의 구분을 통해 생명과 기계의 구분 문제를 해결하고자 했다. 그에 따르면 생명 역시 일종의 기계이다. 신은 생명체를 만들 때 인간이 기계를 만들듯이 만들었다고 할 수 있다. 다만 신이 만든 생명-기계는 무한히 접혀 있는 기계, 무한히 작은 부분에도 더 작은 기계가 들어 있는 기계이다. 반면 인간이 만든 기계는 어느 수준까지 내려가면 더 이상 분해되지 않는 최소 단위가 나타난다.

> 따라서 모든 생명체의 유기적 육체는 일종의 신적인 기계 또는 인공적 자동기계를 무한히 능가하는 자연적인 자동기계이다. … 예를 들면 놋쇠바퀴의 톱니는 우리에게 더 이상 인공적인 것이 아니고, 그 바퀴가 사용되는 기계에 관하여 더 이상 아무것도 감지하도록 하지 못하는 부분 또는 조각을 가지고 있다. 그러나 자연의 기계 또는 살아 있는 육체는 그의 가장 작은 부분에 있어서조차도 무한에 이르기까지 기계이다. 바로 여기에 자연과 인공 사이, 즉 신

적인 기술과 우리의 기술 사이의 차이가 존재한다(라이프니츠, 2010: 284, 「모나드론」, 64항).

그러므로 여기에서 생명과 기계 사이의 본질적인 구분은 존재하지 않는다. 유기체는 기계이지만 조금 특별한 기계인 셈이다. 생명은 기계류의 바깥에서 만들어진 것이 아니라 기계류의 한 종류에 속한다. 신은 일종의 엔지니어이고, 신의 기술적 능력은 자연의 무한히 작은 지점까지 스며든다.

칸트가 인간 능력의 유한성에 근거해 기계와 생명을 대하는 태도를 둘로 구분했다면, 라이프니츠는 신적 능력의 무한성에 기반해 기계와 생명(체)이 산출되는 두 방식을 구분했다. 18세기 라이프니츠의 해결책은 신의 창조 행위에 의존한다는 점에서 신학적인 요소가 다분한 것이 사실이다. 그렇긴 하지만 무한성에 기반한 이러한 사유가 다양하게 변형된 형태로 현대의 이론에 등장한다는 점이 중요하다. 그리고 문제는 신의 무한한 관점을 인간의 관점이 대신할 때 어떤 일이 벌어지는가 하는 것이다. 인간의 활동이 신의 창조에 근접해간다거나 또는 그것을 대체한다는 것은 무엇을 의미하는가? 이를 두 가지 경우로 나누어 살펴볼 수 있는데, 은유와 작동이 그것이다.

## 2. 은유의 관점에서

2015년 1월 일본 지바현의 한 사찰에서는 수명이 끝난 로봇 강아지들을 위한 합동 장례식이 열렸다. 로봇 강아지들은 목에 주소와 주인의 이름이 쓰인 명패를 달고 주지 승려의 집전으로 합동 천도제를 지냈다(구본권, 2015: 195).

몇 년 전 일본에서는 꽤 진지한 자세로 로봇 장례식을 치러주는 일이 일어났다(〈그림 3〉 참조). 이 일화를 어떻게 받아들여야 할까? 로봇의 '죽음'을 애도하는 이 낯선 사건은 생명과 기계의 명확한 구분이라는 진실이 혼동되고 있는 시대상을 반영하는 것일까? 혹은 반대로 생각해볼 수도 있을 것이다. 이것은 그 구분선 자체가 모호하다는 진실을 엿보게 해주는 것은 아닐

〈그림 3〉 지바현 사찰의 로봇 강아지 합동 장례식

까? 유기체와 비유기체는 일반적으로 다음과 같이 구별된다. 유기체는 기관들이 전체적으로 통일되어 있고, 자기 목적적이고, 생식적이다. 비유기체는 부분들이 서로 외적으로 연결되어 있고, 도구적으로 사용되며, 자기 안에 목적을 지니지 않고, 대체 가능하다.

그러나 생명에 대한 현대적 관점은 매우 다른 방향으로 우리를 이끌고 간다. 현재 생명과학을 이끌고 있는 관점은 무엇인가? 그것은 진화론과 분자생물학의 결합이라고 말할 수 있다. 여기에는 다양한 해석이 있을 수 있지만 대표적으로 현대 생물학을 철학적 관점에서 설명하고 있는 마투라나H. Maturana의 이론을 살펴보는 것이 도움이 될 것 같다. 그는 진화론적이고 발생론적인 관점에서 생명의 본성을 설명한다. 그가 제시한 정의는 다음과 같이 간략히 말할 수 있다. 생명이란 세포들의 거대한 네트워크인데, 이때 이 세포들은 외부 자극에 대해 탄력적으로 반응하면서 자기 자신을 형성한다. 일반적으로 짐작되는 바와 달리 세포들은 전체적인 통일성하에서 활동하지 않는다. 진화론적으로 볼 때 그것들은 각자 국지적인 반응과 적응에 따라 형성되었으며, 마치 모듈처럼 수없이 많은 우연적이고 실험적인 조립을 통해 다양한 유기체를 만들어냈다. 세포들과 기관들은 복잡성이 증가하는 방향으로 여러 단계의 자기 생성 조직을 형성하며, 그 최종 수준에 인간의 의식과 언어가 위치한다.

이러한 관점이 중요한 것은 이것이 고대의 목적론과 근대의 기계론을 모두 비판하고 제3의 관점을 제시하기 때문이다. 유기체의 변화를 견인해가는 초월적인 목적 같은 것은 존재하지 않으며, 그렇다고 생명체가 단순히 부품들의 조합 같은 것도 아니다. 그 대신 환경에 대해 반응하며 변형되는 세포들이 수평적으로 서로 연결되고, 이렇게 만들어진 체계 안에서 자기 보존과 자기 생성이라는 유일한 목적이 발생한다. 그렇기 때문에 생명은 기본적으로 맹목적이다. 세포들이 자기를 생성하면서 복합체를 형성하는 것은 오직 자기 보존이라는 유일하고 무의식적인 동기에 따른 것이기 때문이다.

그런데 이는 인간이 어떤 행동들을 의식적이면서도 목적 지향적으로 행한다는 경험과 괴리가 있는 것 같다. 그렇다면 생명의 맹목성과 행위의 지향성 사이의 간격을 마투라나는 어떻게 설명할까? 그는 이것이 인과적 서사를 만들어내는 방식으로 관점이 이동하기 때문이라고 말한다. 생명체는 내부적으로 상호 조율된 기관들을 움직였을 뿐이지만 인간의 의식은 마치 외부에서 관찰한 것처럼 여기에 동기와 목표를 부여한다. 말하자면 어떤 행동이 외적 동기를 갖는다고 말하는 인과적 서사란 사후적으로 덧붙인 허구적 이야기 같은 것이다. 마투라나가 제시하는 인상적인 비유를 인용해보자.

비유를 하나 들어보자. 어떤 사람이 잠수함 안에서 한 번도 밖으로 나온 적 없이 평생을 살면서 잠수함을 잘 조종하게 되었다고 치자. 우리가 바닷가에 서 있는데 이 잠수함이 접근해 물 위에 사뿐히 떠올랐다. 이것을 지켜본 우리는 조종사에게 무전기로 '축하합니다. 암초를 피해 수면 위로 멋지게 떠오르셨군요. 잠수함을 완벽하게 조종하셨습니다' 하고 말한다. 그런데 잠수함 안에 있는 조종사는 어안이 벙벙하다. 도대체 '암초'는 뭐고 '떠오른다'는 게 뭐지?

…

잠수함 안의 조종사에게 있는 것이라곤 오로지 계기가 가리키는 것들과 그것들의 변화 그리고 그것들 사이에 특정 관계를 산출하는 방법뿐이다. 잠수함과 주위 환경의 관계가 어떻게 변하는지를 바깥에서 바라보는 우리에게만 잠수함의 '행동'이 존재한다(마투라나, 2007: 155-156).

유기체와 기계, 생명체와 무생물 사이의 차이와 관련하여 마투라나는 이것을 실재상의 구분이 아니라 사고상의 문제, 즉 관점에 따라 달리 규정되는 것이라고 간주한다. 같은 시스템이 한편에서는 기계로 보이고, 다른 한편에서는 유기체로 보인다는 것이다. 우리는 서로 다른 관심과 목적에 따라 다양한 이야기를 만들어내고, 생명체들은 이 이야기 안에서만 자율적인 존재로 나타난다. 하지만 생명이란 그렇게 자율적인 실체에 귀속되는 것이 아니라 지구 전체에 넓게 퍼져 있는 운동 같은 것이다. 그리고 생명체의 활동은 시간 축상에서 초장기부터 초단기까지 할애된 다양한 반응과 적응 그리고 시도가 중첩된 결과이다.

다르게 말하면 자율적이고 목적을 가진 생명체란 일종의 은유라 할 수 있다. 그리고 이러한 은유가 서사를 가능케 한다. 생물학적으로 볼 때 단풍이란 기온이 낮아짐에 따라 나뭇잎이 활동을 멈추고 엽록소가 파괴되어 안토시안이라는 색소가 분비되면서 나뭇잎의 색이 빨간색이나 노란색으로 변하는 현상이다. 요컨대 단풍은 낮은 기온에 대한 나무 구성 요소들의 자동 반응이다. 반면 일상적으로는 단풍을 나무가 가을에 겪는 생명의 리듬을 보여주는 것으로 생각하고, '나무가 가을을 탄다'고 말하기도 한다. 이는 나무 한 그루를 하나의 주체로 간주하는 것이며, 그것이 능동적으로 반응하고 행위한다는 뜻을 내포한다. 더 나아가 사람들은 동식물뿐만 아니라 사물이나 조직도 생명체의 은유로 표현하고 하나의 주체로 간주하곤 한다. '사무실의 오래된 가죽 소파는 십수 년 동안 침묵을 지켰다' 같은 문장은 일종의 은유로 간주될 수 있을 것이다. 그런데 여기에서 말하려는 것은 생명체 자체가 이것처럼 하나의 은유라는 것이다.

주의할 점이 있다. 먼저 생명과 생명체를 구분하도록 하자. 그리고 생명체가 하나의 은유라는 것은 그것이 단지 해소되어야 할 가상에 불과하다는 뜻이 아니다. 생명이란 지구 위에서 발생했고, 포착하기 힘들 만큼 느린, 그러나 아주 강인한 어떤 경향성이라고 할 수 있다. 그것은 끊임없이 차이를 발생시키는 경향, 자기 자신으로부터 벗어나려는 벡터이다. 그리고 생명체는 이러한 지향성이 관통하고 있는 존재들이다. 그렇다면 생명체가 일종의 은유이며, 이야기 속에 놓여 있다는 것은 무엇을 의미하는가? 그것은 광대한 세포들의 연결망 안에서 특정한 세포 집합이 생명의 속성, 즉 자율적이고 목적의식적인 활동을 한다는 특성을 부여받은 대표자로서 간주된다는 뜻이다. 그리고 우리가 생명이라 부르는 것은 하나의 명백한 실체라기보다 무한한 이야기를 만들어내는 수수께끼 같은 것이다. 생명은 차이의 발생이며, 그것을 이해하는 일은 멀리 있는 어떤 단어를 불러와 눈앞의 단어와 연결 짓는 일이다. 차이가 있으므로 서사도 존재한다. 우리는 생명 자체가 무엇인지 알지 못한다. 단지 생명체들에 관한 많은 서사만을 알고 있을 뿐이다. 생명은 많은 존재자의 이야기를 통해서 드러난다. 여기에서 생물과 무생물의 구분은 그 자체로 분명하지 않고, 이 존재자들은 다양한 수준의 생명성을 지닌다. 우리는 존재자들의 그물망에서 어떤 기준에 따라, 그리고 필요에 따라 어떤 것들을 생명체라고 지시하고, 그것을 이야기의 주인공으로 삼는다.

생명은 데리다가 분석했던 초월적 기의의 위치에 올라선다. 데리다는 형이상학적 사유의 최종 심급에 있는 초월적 기의가 근본적으로 하나의 은유로서 작동한다고 주장한다. 그리고 그것은 무한한 기호의 망을 가능케 하지만 그것의 의미가 밝혀지기 위해서는 다른 무한한 기호의 연결망을 관통해야만 하므로 공간적 간격과 시간적 지연, 즉 차이différance를 수반한다는 점을 밝혔다. 이런 의미에서 자기동일성을 자처하는 초월적 개념은 모두 일종의 은유에 해당하는 것이다. 우리는 생명이 무엇인지, 그것의 의미가 무엇인지 알지 못한다. 하지만 이것은 우리 인식능력의 부족 때문이라기보다 생명이라는 개념 자체가 하나의 은유이기 때문이다. 생명의 의미는 많은 이야기를 통해서 오직 사후적으로만, 무한히 연기되면서 드러날 것이다.

이렇게 연관 지어볼 때 마투라나의 생각은 데리다 이후의 라이프니츠주의라고 할 수 있다. 인간이 신처럼 무한히 작은 기계 실체를 제작한다는 뜻이 아니라 은유를 무한히 조직해간다는 뜻에서 그렇다. 다시 말해 인간은 신적인 관점을 점유해 서사적 활동을 수행하고 그 산물을 전개한다. 세계의 무한히 깊고 넓은 곳까지 침투해 들어가는 시선은 끊임없이 미끄러지는 의미를 좇아가면서 이야기를 산출한다. 우리의 생명/삶의 의미를 해명하는 일은 한 편의 소설을 쓰는 일로 완결되지 않고, 다시 다른 소설을 쓰는 일로 이어진다. 이 소설들 안에서, 즉 신체의 기계적 운동을 바깥에서 바라볼 때 생명체들은 '마치' 어떤 목적을 향해 움직이는 것'처럼' 보인다. 이것은 동역학과 내러티브, 또는 과학과 인문학이 어떻게 구분되는지에 관한 중요한 함의를 제공한다.

사실 과학적으로 볼 때 생명체와 비생명체를 엄격하게 구분하는 선을 발견하는 것은 불가능하다. 따라서 생명을 정의하고 그 범위를 한정하는 일은 단지 과학만이 하는 일이 아니라 과학과 서사, 분석과 관심이 교차하는 지대에서 벌어지는 일이다. 여기에서 인문학의 중요성이 나타난다. 첫째, 생명이라는 것은 그 자체로 존재한다기보다 관심과 서사 속에서 규정, 해석, 구성되는 것이다. 사실 인공 생명을 소재로 한 모든 소설과 영화가 이 문제를 중심으로 전개된다. 만들어진 인공 생명이 주어진 기능 이상으로 자기의식과 자율성을 갖게 되면서 문제가 시작된다. 그(녀)가 원하는 것은 자기 자신만의 고유한 이야기라고 할 수 있는데, 스크린 안팎의 인간은 이것을 어떻게 받아들일 것인지 고민하게 된다. 더군다나 이런 작품들에서는 생물학적 인간이 매우 단순하고 개성을 상실한 것으로 나오기 마련인데, 이때 실존적인 고민은 피상적인 인간이 아니라 고뇌하는 유사 인간 쪽에서 느끼게 된다. 대표적으로 영화 〈블레이드 러너〉(1982)가 이런 점을 잘 보여준다. 이 작품에서 인간들은 규칙적인 도시 생활 속에서 실존의 느낌과 다양한 감정을 상실한 듯 보인다. 반면 짧은 유효기간이 정해진 복제 인간은 자신의 존재 의미를 확인하기 위해 도주한다. 주인공 릭 데커드는 전자의 위치에서 후자의 위치로 이동하는데, 이를 통해 실존에 의미가 있는 것은 그 의미를 스스로 탐색하는 과정이 있기 때문이라는 점이 암시된다.

둘째, 은유는 본질적으로 정념과 관계된다. 은유가 의미의 손수레라고 할 때 이는 진공 상태에서 이루어지는 것이 아니라 정념의 증가 속에서 일어난다. 예를 들어 다음을 보자. "붉은 해가 산꼭대기에 질려 피 흘려 하늘 적시고."(이성복, 1993) 이 시 구절에서 '붉은 해'는 '피 흘리는 해'로 비유된다(김상환, 1996: 250). 이와 마찬가지로 생명은 그 자체로 있다기보다 정서적인 관심과 이야기의 구성 안에서 어떤 지시점으로 착상되는 것이다. 진화론이나 생태학은 중립적인 과학 이론을 넘어서 언제나 생명을 주인공으로 하는 서사로 발전하곤 하는데, 그 이유가 여기에 있다.

생명을 중시하는 모든 사상은 정념적인 측면을 지니고 있다. 그러나 이것은 일종의 선험적인 선언이기 이전에 생명이 일종의 은유이기 때문이고, 은유 일반은 특유의 정념의 증가를 함유하기 때문이다. 지질학의 척도에서 볼 때 그동안 지구상에서 일어난 일은 분자들의 구성이 복잡해지고 그것들이 합성되는 방식에 있어서 자유의 여지가 점점 더 증가한 것이라고 할 수 있다. 그러한 경향을 나누어 가진 존재자들을 특정한 서사의 이야기에 담아내고 그 주인공으로 삼는 것, 그것이 정념적 은유의 작업이다. 생명에 대한 모든 예찬은 아마도 지구상에 예외적으로 존재하는 복잡성과 다양성 증가의 경향이 자기 자신을 보존하려는 정념적인 노력일 것이다.

셋째, 생명에 대한 서사들은 생물학적 실재에 대한 잉여적인 층위가 아닌, 생명이 포함하고 있는 여러 수준 중 최상위 수준에 대한 환경을 구성한다. 생명은 적응과 보존을 최우선 목표로

하며, 생명이 대한 이런저런 사실적, 상상적 이야기와 평가는 그런 생명이 나아갈 길을 개시하는 역할을 한다.

### 3. 작동의 관점에서

MIT 교수 로드니 브룩스는 옴짝달싹도 못하는 무능력한 천재 하나를 만드는 데 시간을 낭비하는 대신 유용한 바보들을 떼로 만들고 싶어 했다. 그는 지능을 가진 척하는 한 마리의 육중한 공룡을 다른 행성에 보낸다는 희박한 가능성에 으존하는 대신, 한 무리의 단순하고 무식한 기계적 바퀴벌레 떼거리를 보내는 경우어 우리가 더 많은 것을 배울 수 있을 것이라고 생각했다(켈리, 2015: 84)[〈그림 4〉 참조].

〈그림 4〉 로드니 브룩스 교수의 '벌레 로봇'

인간이 라이프니츠가 말하는 신적인 지성을 대체하는 첫 번째 방법이 은유라면, 그 두 번째 방법은 인간이 직접 제작에 뛰어드는 것이다. 문제는 어떻게 하는가이다. 이전에 신의 영역에 도전했던 것이 실패했던 이유는 유한한 수의 인과관계를 적용해서 무한히 접혀 있는 생명체를 만들고자 했기 때문이었다. 소설 『프랑켄슈타인』(1818)은 그 괴리가 얼마나 큰 것인지 잘 보여준다. 프랑켄슈타인 박사는 근대의 분석적 방법론을 통해 고대의 애니미즘을 실현하고자 한다. 그는 인간과 닮은 인공 생명을 만들고자 하지만 그 결과로 태어난 인공 생명은 볼품없고 비참하며 급기야 파괴적인 성격을 띠고 지구를 떠돌아다닌다.

세기의 전환과 더불어 인공 로봇 및 지능과 관련한 패러다임이 전환되고 있는 점은 매우 흥미롭다. 위에서 인용한 것처럼 공학자들의 반성의 핵심은 고도의 지능과 운동 능력을 가진 존재자를 한 번에 설계하려고 했다는 점에 있다. 그들은 그 대신에 생명이 단순한 것에서 복잡한 것으로 진화적 단계를 따라 변모한 것이라면 인공 생명도 그런 과정을 따라야 한다는 새로운 결론에 도달했다. 앞서 말한 것처럼 생명체는 전체적이고 유기적이고 일사불란한 통제 체제를 가지고 있지 않다. 만약 생명체의 구성이 유기적이고 통일적이라면 전체적이고 위계적인 알고리즘을 통해서 그것을 모방할 수 있겠지만 실제 사정은 그렇지 않으므로 이러한 시도는 늘 실패에 봉착할 수밖에 없다. 생명체는 자극-모방 메커니즘 속에서 움직이는 요소들 간의 느슨한 외적 연결망이라 할 수 있다. 따라서 로봇의 경우도 공룡이 아니라 작고 단순한 기능을 가진 다양한 벌레 떼를 만드는 것이 더 큰 전망을 열어준다는 것이다. 최근 인공지능 연구의 돌파구를 열어준 딥러닝 역시 비슷한 패러다임의 전환에 근거한다. 이전까지는 성인 지능을 모방해 알고리즘 작성을 시도했다면 딥러닝은 아이가 반복적인 학습을 통해 단순한 것에서부터 복잡한 것까지 스스로 깨우쳐가는 방법을 모델로 삼은 것이다.

진화의 과정이란 여러 요소가 서로 탐색하고 변화하면서 조립되는 과정으로 마치 가소성 있는 plastic, 즉 환경 요인에 따라 변형되는 레고들의 거대한 조립과 같다고 할 수 있다. 인공지능과 로봇 연구의 역설적인 점은 잘 알려져 있다. 인간에게 어려운 것이 인공 존재자에게는 쉽고, 인간에게 쉬운 것이 인공 존재자에게는 어렵다는 것이다. 항공기 엔진 내 열 분포 시뮬레이션은 컴퓨터에게 쉬운 일이지만 자갈밭을 걷는 일은 로봇에게 어렵다. 이는 모두 진화의 과정을 생략했기 때문이다. 추상적인 개념을 이해하는 인간의 능력도 두 발로 자연스럽게 걷고 두 손으로 사물을 움켜쥐는 과정을 거쳤기 때문에 가능한 것이었다(켈리, 2015: 143). 그러나 사실 이러한 진화론적 연론의 역사를 파악하기는 힘들다.

생명의 운동과 변화는 순차적이고 선형적인 순서를 따르지 않는다. 생명은 분산적이고 집단적이고 병렬적인 시스템이라고 할 수 있다. 여러 요소가 상호 의존적이고 서로 영향을 주는 만큼 인과관계를 식별해내기는 매우 어렵거나 불가능하다. 기계 역시 이러한 원리에 따라 제작되어야 한다. 즉 고차원적이고 복잡한 기계를 만들기 위해 처음부터 의식적으로 단일하고 종합적인 설계를 하는 게 아니라 단순하지만 다양한 구성 요소를 배치하고 이것들이 예상치 못했던 방식으로 결합되어 상위의 통일체를 구성하리라는 점을 긍정해야 한다는 것이다.

『통제 불능』의 저자는 이러한 특성을 지니고 있는 생명과 기계, 태어난 것과 만들어진 것을 모두 공통적으로 "비비시스템vivisystem"이라고 명명한다. 이것은 생태계, 로봇, 기업, 경제, 컴퓨터 회로 등 모든 것을 포함한다. 여기에서 창발적인 것은 집단, 다수, 군중으로부터 솟아오른다. 그는 비비시스템과 관련하여 다음과 같은 네 가지 특징을 제시한다. (1) 중심적 통제가 존재하지 않는다. (2) 각 하부 단위가 자율성을 띠고 있다. (3) 하부 단위들이 고도로 연결되어 있다. (4) 동등한 구성원들이 비선형적 인과관계의 그물 속에서 서로 영향을 주고받는다(켈리, 2015: 56). 이렇게 생명을 하나의 시스템으로 이해할 때 자연과 인공, 생명권과 기계권은 식별 불가능해지고 서로 수렴한다.

다음과 같은 예견과 마주할 때 우리는 우리 시대가 칸트의 초월론적이고 인간학적인 구획으로부터 멀리 떨어져 있다는 것을 느끼게 된다. "인간만의 고유성의 여지 … 는 위대한 문학, 예술, 우리의 삶 전체에 영감을 준다. … 하지만 단순한 생명체,

기계, 복잡한 시스템, 그리고 우리 인간 사이의 단일한 통일성을 마주한다. 이 통일성은 우리가 과거에 경험했던 어떤 열정 못지않은 드높은 영감을 불러일으킨다."(켈리, 2015: 123) 이 시대를 이끌어갈 영감은 생명과 기계가 실제적으로 수렴하는 소실점을 향해 있다. 유한한 기계는 이제 무한한 피드백 회로 안에서 무한히 접힐 수 있게 되면서 생명과 비슷한 그 무엇이 되어가고 있는 것이다.

이 과학적 도전이 성공한다면 라이프니츠의 구획에서 인간은 신의 자리를 (전부는 아니라 하더라도 다소간) 대체할 방법을 찾은 것이다. 그것은 원리적으로는 의외로 간단한 방법으로, 즉 자기 회귀적인 사이버네틱스와 진화론을 결합해 세계의 무한한 발전과 다양성을 실현하는 것이다. 유기체의 특성으로 언급되었던 내적 평형성 또는 그에 상응하는 완성태는 아리스토텔레스가 말한 것처럼 그 종의 고유한 내적 목적성 때문이 아니라 네거티브 피드백negative feedback을 통해 우연한 그러나 상대적으로 안정적인(다시 말해 준準안정적인) 상태에 도달하기 때문이라는 점이 밝혀지고 있다. 그리고 진화라는 현상은 이러한 준안정적인 상태들 중 하나에서 다른 하나로 도약하는 것으로 이해된다.

이에 대해 인문학적인 관점에서 다음과 같은 몇 가지 함축을 언급할 수 있다. 첫째, 이것은 기계와 기술의 진보가 무조건적인 면책특권을 갖게 된다는 의미가 아니다. 오히려 그 반대라 할 수 있는데, 우리가 그동안 생명체와 인간에 대해 수립하려고 했던 가치와 규범을 기계에까지 확장해야 한다는 의미이다. 왜냐하면 기계도 양육되기 때문이다. 예를 들어 2016년 마이크로소프트사의 인공지능 채팅 로봇 테이Tay는 극단적인 차별주의자가 할 만한 욕설을 해서 마이크로소프트사가 사과하고 재발 방지를 약속해야만 했다. 이는 이 채팅 로봇이 빅데이터의 환경에서 무차별하게 문장들을 수용한 결과였다. 또 영화 〈채피〉(2015)에서는 주인공 로봇이 아이처럼 교육 환경에 따라 다르게 커가는 모습을 보여준다. 말하자면 인공지능 시대의 『에밀』 같은 것이 필요하게 된 것이다.

둘째, 인간과 기계 사이를 매개하는 일이 중요해진다. 바텀-업bottom-up 방식으로 고등 로봇을 만드는 데 성공한다 해도 그 행동을 이해하는 일은 전혀 다른 일이 된다. 무한히 회귀하는 회로 안에서 무슨 일이 벌어지는지는 제작자도 이해할 수 없기 때문이다. 알파고의 예상 밖의 수를 두고 바둑 기사들과 인공지능 전문가들 사이에서 의견이 분분했던 것이 그 예이다. 그것이 이기기 위한 무리한 수였는지, 전례 없는 독창적인 수였는지 분석하려면 개발자들도 몇 달의 시간이 필요할 것 같다고 말한 바 있다. 이처럼 인간적 이해 방식과 기계적 연산 방식 사이의 차이를 매개하는 것이 인문학의 인접 분야가 될 것이다. 이것이 매개되거나 해석되지 않으면 무시할 수 없는 위협과 공포가 닥칠 수 있다. 영화 〈2001 스페이스 오디세이〉(1968)에서 우주선을 조종하는 인공지능 컴퓨터 HAL 9000의 침묵이 이를 잘 표현한다. 신의 관점을 인간이 점점 대신하게 될 때 우리에게는 제조 능력뿐 아니라 이해의 능력도 필요하다.

## 4. 생명의 기계-되기, 기계의 생명-되기

지금까지 생명과 기계가 서로 관계 맺는 세 가지 방식을 개념적 구분, 은유적 서사, 공학적 작동으로 구분 지어 살펴보았다. 이것은 단순히 시기적으로 나눈 게 아니라 근접 미래에 공존하게 될 체제들이다. 그렇다면 이제 두 가지 과제가 우리 앞에 놓여 있는데, 하나는 세 체제의 공존 가능성과 관련된 것이다. 아마도 이 세 체제를 포괄하는 총체적 관점은 가능하지 않을 것이다. 리오타르Lyotard가 적절히 지적한 것처럼 이것들은 아마도 영역별로 그리고 국지적으로 효력을 발휘할 것이고, 갈등이 일어날수록 협상이 중요한 문제로 제기될 것이다.

다른 하나는 생명과 기계가 작동을 중심으로 수렴한다는 사실을 우리 시대의 환경으로 수용하고 그 조건에서 실천적인 과제를 새롭게 설정해야 한다는 것이다. 서양에서 역사적으로 고대에는 생물학과 목적론의 결합을 통해서, 근대에는 (입자) 물리학과 기계론의 결합을 통해서 자연을 이해했다면, 이제 현대에는 분자 생화학과 사이버네틱스의 결합을 통해서 진화하는 자연을 이해하고 있다. 이제 생명은 개체가 아니라 분산적이고 분자적인 요소들의 네트워크로 이해된다. 이러한 네트워크로부터 예상치 못한 특성이 창발적으로 솟아오르는 것이다. 이러한 관점에서 생태학과 기계학은 수렴하고 있다. 생명은 우리가 생각했던 것보다 기계적인 것으로 밝혀지고 있으며 기계는 생명과 같이 자율적인 것으로 발전하고 있다.

그러므로 생명의 기계-되기, 기계의 생명-되기라는 이중의 생성이 있다. 양쪽에 대해 하나씩 살펴보자. 기계에 대해 말하자면 우리는 기계에게 보다 인간적인 것이 되기를 원해야 한다. 그것은 인간과 닮아야 한다는 뜻이 아니다. 기계가 인간을 위한 환경을 형성할 수 있는지의 여부가 중요한 규준이 되어야 한다는 것이다. 기계를 일률적으로 통제하는 것보다 정도에 따라 기준을 세우고 기계에 어떤 특성을 부여할 것인지 결정하는 문제가 중요하게 제기될 것이다. 선형적 통제에서부터 비선형적 창발성까지 기계가 가질 수 있는 일련의 특성을 각 시스템의 성격에 맞게 고려해서 설정해야 한다. 다음으로 인간에 대해 말하자면 인간 역시 기계와 함께 다른 무엇이 될 것이다. 이는 새로운 종이 되어야 한다는 의미가 아니다. 우리가 생명과 의식을 가진 존재로서 지닌 다양한 잠재성을 현실화할 수 있는 새롭고도 연속적인 계기로 삼아야 한다는 것이다.

간단히 정의하자면 생명은 불안정한 안정성이다. 생명은 그 자체로 어떤 역설적인 점을 품고 있다. 생명은 자기 자신을 보존하려 하지만 이는 동시에 자기 자신의 상태를 오직 뛰어넘으면서 또는 벗어나면서 가능하다. 생명과 기계가 혼합되는 생태계 안에서 이러한 복합적인 과제를 설정해보자. 인간은 기계와 함께 자신의 감추어진 잠재성들을 현실화할 수 있어야 한다. 기술과 예술의 역사를 돌이켜보면 전기와 라디오가 발명될 때마다 인류는 보편적인 정신의 실현, 전 지구적인 의사소통의 가능성을 찬미했다. 지가 베르토프Dziga Vertov는 영화의 기계적 시선이 인간의 자연적 시선의 범위를 현저하게 뛰어넘기 때문에 위대하다고 찬양했다. 영화는 우리의 시선을 사물 그 자체 안으로 가져다 놓는다. 이처럼 기계는 우리의 관점을 자연 안으로, 사물들 사이의 연결 속으로 가져다 놓을 수 있을 것이다. 이를 통해 우리는 새로운 지각과 사유의 지평을 획득하게 된다.

# 3장 기계의 노동, 생명, 언어

오늘날 우리 시대의 큰 특징은 뇌과학과 유전공학 등 과학기술의 방향이 인간 자신을 향하고 있는 점이라 할 수 있다. 20세기 초반까지 기술은 자연을 대상으로 하거나 인간 상호 간의 소통의 차원에 적용되었다. 그런데 20세기 중반부터 과학의 분석 능력과 기술의 제작 능력은 마지막 남은 미지의 개척지를 향하듯 인간의 내부로 스며들기 시작했다. 인간의 정신과 신체가 더 이상 자연적 소여로 간주되지 않고 인위적 조작의 대상이 되는 시대가 열린 것이다.

이러한 의미에서 현재를 '포스트휴먼의 시대'라 부를 수 있을 것이다. 포스트휴먼이라는 용어는 과학기술에 의한 인간 정신과 신체의 급진적인 변형, 그리고 사이보그와 같은 인간과 유사한 기술적 종種들의 출현을 지시한다. 『골렘』, 『프랑켄슈타인』, 〈블레이드 러너〉 등에서 문학적·영화적 상상력에 의해 그

려졌던 세계가 실제로 도래하고 있는 시대적 전환을 맞이하여 학제적이고 비판적인 포스트휴먼 연구Posthuman Studies가 시급히 요구되고 있다. 산 위에서 자연을 내려다보는 중년의 신사가 인간 시대의 초상이었다면,[1] 이제 애니메이션 〈공각기동대〉의 주인공인 사이보그 구사나기 모토코가 포스트휴먼 시대의 아이콘이다.

이러한 근본적인 변화의 가능성은 예찬과 동시에 공포를 불러일으키고 있다. 정서적인 반응은 논외로 해도 사고와 제도 면에서 많은 변화가 불가피해졌다. 근대 세계관 전반을 떠받치는 토대는 인간과 자연, 주체와 대상의 구분에 있었다. 즉 한편에는 법칙에 따라 기계처럼 작동하는 자연이, 다른 한편에는 의식과 의지에 따라 사유하고 행동하면서 인과법칙으로부터 도약하고자 하는 인간이 있었다. 이를테면 셰익스피어의 『햄릿』(1599-1601)과 뉴턴의 『프린키피아』(1687)가 근대 문명의 두 이념을 대표하는 것이다. 그러나 주체-대상의 이분법, 인간적 심연의 이해와 자연법칙의 발견, 인문학과 자연과학·공학의 구분, 질적인 이해와 양적인 분석의 구분 등은 이제 모두 무화되거나 최소한 그 경계가 모호해질 것이다. 매체철학자 빌렘 플루서의 표현을 빌리면 소금으로 만든 인간이라는 배는 이제 과

---

[1] 예를 들어 카스파르 다비드 프리드리히Caspar David Friedrich의 그림 〈안개 바다 위의 방랑자Wanderer above the Sea of Fog〉(1817) 참조.

학 법칙의 바다 안으로 가라앉아 녹아들 운명인 것이다(Flusser, 2002: 160-164).

이러한 현실 인식을 바탕으로 이 장에서는 포스트휴먼 시대의 과학과 기술의 현황을 참조하면서 그 의미를 살펴보려고 한다. 좀 더 정확히 말하면 그러한 작업을 위한 시론적 성격의 관점을 제시하고자 한다. 이 관점은 미셸 푸코가 50여 년 전에 선언한 "인간의 죽음"이라는 테제, 그리고 들뢰즈와 과타리가 제시한 기계 개념을 교차시키면서 형성된다. 본격적으로 그러한 관점을 제시하기에 앞서 포스트휴먼을 주제로 한 선행 연구들을 비판적으로 검토하도록 하자. 그후 휴머니즘의 내용적 모순과 시대적 한계를 지적했던 현대 철학의 사유와 함께 현대 과학기술의 흐름을 살피면서 앞으로 도래할 '인간 이후'의 풍경을 그려보고자 한다.

## 1. 선행 연구에 대한 비판적 검토

포스트휴먼 연구는 융합적인 관점과 학제적인 연구를 요구한다. 철학과 기술학 양자가 만나면 서로에게 활력을 불어넣어 줄 것이며 복잡하게 전개되고 있는 현실을 분석할 수 있는 유의미한 연구가 가능할 것이다. 한편으로 철학은 사상사적인 비판을 넘어 기술 속에서 새로운 삶의 방식을 창조하는 방향으로 전개되어야 한다. 다른 한편으로 기술에 대한 태도는 앞서 짧게 언급한 것과 같은 극단적인 두 가지 위험을 피해야 한다. 한쪽에 기술이 자본과 결합되어 제약 없이 남용되면서 인간과 자연을 예기치 못한 파국으로 몰아넣을 위험이 있고, 정반대쪽에 인간의 자연적 존엄성을 옹호한다는 명분하에 과학기술을 선험적으로 통제하여 당면한 문제들에 대한 새로운 해결책을 찾지 못하도록 방치할 위험이 있다. 기술의 밝은 면과 어두운 면 중 어느 한쪽을 일방적으로 선호하는 대신 인간과 기술에 대한 비판적이면서도 창조적인 고찰을 지속해나갈 때 기계가 인간과 공존하면서 보다 나은 삶의 방식을 제공할 수 있는 내재적인 기준을 마련할 수 있을 것이다.

먼저 포스트휴먼 현상과 이념을 분석한 선행 연구로 어떤 것들이 있는지 살펴볼 필요가 있다. 위르겐 하버마스나 프랜시스 후쿠야마처럼 인간 본성의 선천적 소여를 절대적으로 옹호하는 진영을 별도로 둔다면 포스트휴먼 연구는 크게 네 갈래로 분류할 수 있다. 첫 번째 입장으로 한스 모라벡은 『마음의 아이들』에서 생명공학, 나노 기술, 정보 기술 분야의 급격한 발달이 인간을 신체적, 정신적으로 더욱 강화시킬 것이라고 전망한다 (Mcravec, 1983; 모라벡, 2011). 그는 구체적인 시기까지 언급하며 2040년쯤에는 인간처럼 말하고 행동하는 로봇이 출현할 것이라고 주장한다. 요컨대 그는 진화론적 관점에서 인간이라는 종은 영원불멸한 것이 아니며, 인간의 진화, 그리고 인간 이외의 기계적 종의 출현이 필연적이라고 예견할 뿐만 아니라 이를 적극적으로 옹호한다. "자연의 섭리에 의해 부모 세대가 사라지고 자손이 자신의 운명을 개척하듯 조만간 우리는 사라질 것이고 기계는 자신의 운명을 개척할 것이다."(모라벡, 2011: 18) 그리고 레이몬드 커즈와일Raymond Kurzweil과 앨런 뷰캐넌Allen Buchanan도 이러한 전망을 공유한다. 이러한 입장은 통상 트랜스휴머니즘transhumanism이라고 불리며, 현대 생명과학 기술이 삶을 근본적으로 개선시킬 것이라는 낙관적인 전망을 제시한다.

이렇듯 기술주의적 포스트휴머니즘과 트랜스휴머니즘의 이론가들은 진화론적이고 선형적인 역사관 속에서 인간의 사이보그화라는 고전적인 미래상을 그려냈다. 인간의 진화를 주장하는 입장은 역설적으로 교육을 통해 인간의 진보를 이룩해야 한다는 계몽주의적 이념의 공학적 버전과도 같아 보인다. 실제로 트랜스휴머니스트들은 자신들이 근대 계몽주의의 핵심 목표를 충실하게, 다만 가능한 모든 방법을 동원해 성취하고자 할 뿐이라고 주장한다. 그러나 첨단 기술을 통해 인간의 생물학적인 토대를 재구성하는 일을 주저해서는 안 된다는 이들의 주장은 이론적인 차원과 실천적인 차원에서 모두 격렬한 논쟁의 대상이 되었다. 이들이 제안하는 것은 정신의 계발이라기보다 정신의 개조이며, 그렇다면 누가, 어떻게, 어떤 기준으로 수행할 것인가라는 지극히 정치적인 문제를 동반하게 되기 때문이다.

두 번째 입장을 대표하는 인물은 캐서린 헤일스로 그녀는 이러한 기술주의적 포스트휴머니즘에 대한 비판을 이끌었다. 그녀의 『우리는 어떻게 포스트휴먼이 되었는가』는 포스트휴먼 연구와 관련하여 필수 불가결한 중심 논의가 되었다(Hayles, 1999; 헤일스, 2013). 책의 내용이 압축된 제목은 의미심장하게도 과거형으로 질문을 던지고 있는데, 이것은 캐서린 헤일스 특유의 수사학에서 이중적인 의미를 갖는다.

한편으로 이 책은 과학기술이 미래에 인간을 새로운 종으로 변화시킬 것이라는 극적인 시나리오에 대해 그것이 겉보기와 달리 자유주의적 휴머니즘의 연장선상에 있음을 폭로한다. 기술즈의적인 포스트휴머니스트들은 인간이 더 이상 자연적으로 주어진 단백질 신체에 '들어 앉아' 있지 않을 것이고, 컴퓨터 칩에 정신과 기억을 완전히 이식하는 방식으로 영생을 누릴 것이라고 주장한다. 그러나 헤일스의 적절한 지적에 따르면 이는 서구 형이상학의 오래된 이원론적 위계화, 즉 정신과 신체를 본성상 구분하고 신체를 폄하하는 구도 바깥으로 한 발자국도 나가지 못한 것이다. 하지만 단적으로 말하면 체현embodiment되지 않은 정보란 존재하지 않는 것이다. 이런 측면을 고려할 때 이 저서의 제목은 '우리는 어떻게 인간의 비물질화, 정신의 가상화라는 잘못된 포스트휴먼 신화 담론에 둘러싸이게 되었나'라는 비판적인 뜻이 된다. 데리다의 방법론을 능숙하게 활용하고 있다는 점에서 그녀의 입장을 해체론적 포스트휴머니즘이라고 명명할 수 있을 것이다.

하지만 다른 한편으로 이 책은 사이버네틱스의 역사적 전개를 비판적으로 검토하면서 논의를 전개하고, 긍정적인 어조로 '인간은 사실 이미 오래전부터 포스트휴먼이었다'라는 주장을 펼친다. 포스트휴먼이 인간 종의 생물학적 구성과 기계 구조의 상호 간섭을 의미한다면 인간은 오래전부터 이미 포스트휴먼이었다는 것이다. "포스트휴먼 주체는 혼합물, 이질적 요소들의 집합, 경계가 계속해서 구성되고 재구성되는 물질적-정보적 개체이다."(헤일스, 2013: 25) 이렇게 케서린 헤일스는 포스트휴먼 논의를 근대의 자유주의적 휴머니즘의 비판으로 확장시키면서 폭넓은 반향을 불러일으켰다.

세 번째 입장으로 슈테판 헤어브레히터의 『포스트휴머니즘』은 이러한 비판의 과제를 보다 분명하게 설정하고 있다(Herbrechter, 2013; 헤어브레히터, 2012). 헤어브레히터는 포스트휴먼 연구와 관련하여 과학기술의 중요성을 간과하지는 않지만 이 분야에 대한 직접적인 분석이나 평가를 자제하고 그 대신 연구를 다른 층위에 위치시킨다. 포스트휴먼과 포스트휴머니즘 이론을 하나의 문화적 현상으로 간주하고 이를 비판적으로 고찰하는 것이다. "이 책은 과학기술에 정향된 현재의 포스트휴머니즘화를 이데올로기이자 담론으로 바라보며, 포스트휴먼화를 휴머니즘에 내재하는 가장 최근의 문화적 징후로 분석하고자 한다."(헤어브레히터, 2012: 13) 그는 독일 비판 이론과 프랑스 현대 철학을 바탕으로 하여 문학, 정보, 미디어 등을 융합적으로 사그할 수 있는 새로운 학문 분야로서 포스트휴머니즘을 새롭게 바라보고자 한다. 이론과 현상의 진행을 내재적으로 비판하면서 현대 과학기술 시대에 상응하는 새로운 인문학을 목표로 하는 이러한 구상은 그 자신의 표현을 빌리자면 비판적 포스트휴머니즘이라고 규정될 수 있다.

네 번째 입장으로 로지 브라이도티의 『포스트휴먼』은 들뢰즈의 유물론을 비판적으로 계승해 그것을 포스트휴머니즘의 문제로 확장시킨다(Braidotti, 2013; 브라이도티, 2015). 이런 점에서 그녀의 입장을 유물론적 포스트휴머니즘이라고 특징지을 수 있을 것 같다. 브라이도티는 현시대의 제반 변화와 활동을 지구 단위에서 벌어지는 수준에서 이해해야 한다고 주장한다. 대표적인 사례로 유전공학적 변형과 질병의 전 세계적 유행은 우리를 '인류세'의 시야를 갖도록 이끌고 있다. 그녀는 현시대의 과학기술과 미디어의 힘을 회피해서는 안 되고, 여러 가지 정체성을 우리가 향유할 수 있는 방법을 모색해야 한다고 주장한다. 인간과 비인간의 혼합은 오늘날 어떤 결정적인 지점을 넘어서고 있다. 하지만 그렇다고 해도 그것은 갑자기 등장한 것이 아니며 역사상 언제나 존재해왔다. 따라서 그것은 다양한 되기/생성이라는 실천적 문제 안에서 고려되어야 한다.

이러한 선행 연구들의 입장은 강조점을 어디에 두느냐에 따라 다양하게 배치할 수 있다. 예를 들어 포스트휴먼 과학기술을 적극적으로 활용하는 태도를 기준으로 보면 '기술주의적-유물론적-해체론적-비판적'순으로 나열할 수 있다. 한편 자유주의적 주체 개념과 관련해서 보면 기술주의적 태도는 그것을 의식적으로나 무의식적으로나 전제하고 있으며, 다른 세 가지 입장은 그것을 강하게 비판하고 있다. 다만 '비판적-해체론적-유물론적'순으로 이론적 비판에서 실천적 대응으로 강조점이 옮겨 가고 있다고 평가할 수 있을 것이다.

나아가 선행 연구들을 다음과 같이 평가할 수 있을 것 같다. 기술주의적 포스트휴머니즘은 기술이 가져올 미래상을 상상해 보도록 자극하기는 하나 지나치게 낙관적이거나 과장하는 것으로 보인다. 진지하게 고민해봐야 하는 비판에 대해 이 이론가들은 '기술을 좋은 쪽으로 사용하면 된다'는 식의 대답을 내놓곤 하는데, 기술사나 기술 사회학에 대한 이해가 없어 매우 순진해 보일 때가 많다. 해체론적 포스트휴머니즘은 이론과 현실 사이의 상호 매개라는 관점에서 풍부한 논점을 제공하지만, 구체적인 분석에 있어서 문학 텍스트에 치우친 것 같다는 인상을 준다. 비판적 포스트휴머니즘은 유럽의 현대 철학이 가지고 있는 함의를 정당하게 강조하고 있으나, 과학기술의 발전에 대해 거의 언급하지 않아 사변적 한계를 갖는 것으로 보인다. 유물론적 포스트휴머니즘은 현대의 다양한 현상에 대해 적극적으로 대응하도록 사고를 이끌면서 과학기술을 생성의 계기로 삼아야 한다는 중요한 주장을 하지만, 연구 방법론에 체계가 결여되어 있는 점이 아쉽게 느껴진다.

## 2. 인간의 퇴장과 기계의 등장

그렇다면 우리 시대의 역사적 변화를 이해할 수 있는 새로운 관점은 어떻게 제시할 수 있을까? 사상사의 흐름 안에서 '인간 이후'의 주제를 생각하려면 누구보다 철학자 푸코를 참조점으로 삼는 것이 적절할 것이다. 그는 대략 반세기 전에 자신의 주저主著 『말과 사물』에서 "인간의 죽음"을 선언했다(Foucault, 1960; 푸코, 2012). 그는 서양 사상에서 인간의 형상이 고안된 것은 18세기 말이었으며 20세기 중반에는 그 형상이 사라지고 있다고 분석한다. 물론 이 말은 인간이 생물학적인 종으로서 소멸하고 있다는 뜻이 아니다. 모더니즘이라 불리는 시기에 인간의 내적 본성을 중심으로 삼은 인문학이 형성되었지만, 사실 그 이전 시기에 인간이라는 개념은 주요 개념들로 형성된 그물망에서 중간 매듭에 불과했고 그런 조건하에서는 인문학이 독립적이고 정합적인 분야로서 성립되기 어려웠다는 것이다. 푸코는 특유의 고고학적 방법론에 입각해 이러한 내적 불안정성을 예리하게 분석하면서 그러한 불안정성을 아슬아슬하게 지탱해주고 있었던 인간 개념이 푸코 자신의 시대에 실효성을 상실해가고 있다고 진단한다.

인간의 본성과 휴머니즘을 역사적으로 상대화하고, 자율적으로 보이는 주체가 사실은 지식과 권력에 의해 생산된다고 주장한 이러한 입장을 '안티 휴머니즘anti-humanism'이라고 특징지을 수 있을 것이다. 이러한 용어는 인간이 스스로의 삶을 보다 나은 것으로 만들어야 한다는 윤리적 요청과 그에 상응하는 노력을 훼손하려는 것이 아니다. 이는 인간이 자율적인 존재라고 선언했던 근대의 사유 틀에 암묵적으로 전제되어 있었던 가정들을 비판적으로 사고할 때 인간의 자유와 해방의 전략이 더 실효성을 가지게 될 것이라는 의미이다.

이러한 이론적 안티 휴머니즘은 오늘날 기술적 포스트휴먼 시대에 새로운 의미를 얻게 된다. 전자는 자연 속의 인간을 '국가 속의 국가'로 특권화했던 근대 휴머니즘을 비판하고 일원론적 관점에서 철학적 사유를 전개하고자 했다. 이제 이러한 사유는 후자에서 개방되고 있는 과학기술의 잠재성의 영역 안에서 더 멀리 전개되어야 한다. 요컨대 포스트휴먼 연구는 인간 안으로 침투하고 있는 과학기술에 대한 비판적 고찰을 이론적 안티 휴머니즘과 결합하는 것으로서 정의되어야 할 것이다.

푸코에 따르면 어떤 주장이나 발견이 과학적 논의의 대상이 되는지에 대해서는 보편적인 기준이 있는 것이 아니다. 과학적 논의의 대상과 범위는 우발적인 요소들의 영향을 통해 역사적이고 단절적으로 형성된다. 그는 가스통 바슐라르와 조르주 캉길렘의 과학사와 인식론 연구를 이어받아 서양 사상과 문화의 역사를 에피스테메épistémè의 단절과 불연속의 관점에서 분석한다. 에피스테메란 푸코가 "인식을 위한 가능 조건의 역사"라고 정의하는 것인데, 이를 기준으로 그는 16세기 이후의 유럽을

16세기 르네상스, 17세기 중반-18세기 고전주의, 그리고 19세기 이후 모더니즘이라는 세 시기로 구분한다. 각각의 시기에는 다양한 분야의 개념망을 수렴하고 또 발산시키는 고유한 중심 개념이 존재한다. 르네상스 시기에는 유사성이, 고전주의 시기에는 재현이, 모더니즘 시기에는 인간 개념이 그것이다.

이 구분은 매우 흥미롭긴 하지만 이것을 자세하게 분석하면 이 장의 주제에서 벗어날 것이다. 그 대신 주목할 만한 점은 이러한 시대적 구분을 가로지르는 일관된 세 개의 축을 푸코가 추출해낸다는 점인데, 노동(또는 부富), 생명, 언어가 그것이다. 즉 이 세 가지 주요 영역에서 시대마다 개념망들을 연결하는 방식과 중심점이 달라졌다는 것이 푸코의 논지이다. 그리고 18세기 말에 들어 인간이라는 개념이 인문학의 핵심 개념으로서 이 세 분야의 중심 역할을 하게 되었다는 것이다. 요컨대 인간은 노동하고 살아가고 말하는 존재로서 그 본질이 이해되고, 또 그를 중심으로 노동, 생명, 언어 일관이 파악된 것이다.

그런데 앞서 언급한 것처럼 푸코는 당대에 "인간의 죽음", 보다 정확히 말해 이러한 인간 개념이 인문학에서 소멸해가면서 더 이상 작동하지 않는 것을 목격한다. 그는 이후 도래할 시대에 대해 구체적으로 전망하지도 않고, 이러한 도발적인 선언에 묵시론적인 어조를 담지도 않는다. 다만 고전주의에서 모더니즘으로 이행했던 것처럼 모더니즘에서 다시 새로운 시대로 이행할 것이라고 말할 뿐이다. 그리고 그는 이러한 이행 안에서 다시 한번 새로운 사유의 지평이 열리게 될 것이라고 호기심과 진지함을 간직한 채 전망한다. "인간의 종말은 철학의 새로운 시작이다. 오늘날 인간의 사라짐에 의해 남겨진 공백 이외의 다른 곳에서 사유하는 것은 이제 가능하지 않다. … 이 공백은 사유하기가 마침내 다시 가능한 공간의 전개 이상의 것도 이하의 것도 아니다."(푸코, 2012: 468)

푸코의 논의는 여기에서 끝난다. 그렇다면 이 '공백'을 채우는 것은 무엇일까? 인간의 실증적인 모습, 즉 일하고 살아가고 말하는 인간의 모습이 더 이상 노동, 생명, 언어의 연구에 모델을 제공하지 못하는 오늘날 무엇이 그 역할을 대신하고 있는가? 우리가 보기에 무엇보다 기계가 점점 그 자리를 차지하고 있다. 여기에서 말하는 기계 개념은 특정한 기능을 가진 부품들의 조립품이 아니라 연결성connectivity과 작동성operativity을 본성으로 하는 존재자 일반을 의미한다. 이런 의미에서 유기체 역시 어느 정도는 기계적이라고 말할 수 있다. 또한 기계 역시 자기 형성의 작동을 할 수 있다는 점이 강조되어야 한다. 통상적으로 기계는 자기 자신을 형성하고 교정할 수 없다는 점에서 생명체와 구분되는 것으로 간주되지만, 미시적인 수준에 도달한 생명과학은 이미 1950년대에 생명체의 세포가 재생산 프로그램에 따라 DNA와 단백질을 생산하는 공장과 같다고 설명했다.[2]

---

[2] DNA와 단백질 사이에 수립된 체계는 "근본적으로 데카르트 사상에 가깝

이런 관점에서 볼 때 들뢰즈와 과타리가 『안티 오이디푸스』(1972)에서 전개했던 유기체-기계 일원론은 푸코의 질문에 대한 (아마도 최초의) 중요한 대답이었다고 할 수 있다(Deleuze et Guattari, 1972; 들뢰즈·과타리, 2013). 들뢰즈와 과타리는 기계를 "흐름의 절단과 연결"이라고 간략하게 정의하고, 자연의 모든 존재자를 "욕망하는 기계"라고 규정한다. 『안티 오이디푸스』는 무의식, 신체, 동식물, 사회의 모든 영역에서 기계적인 것이 작동하고 있다는 점을 광범위하게 보여주고 있다.

푸코의 시대적 구분과 들뢰즈와 과타리의 기계주의machinism를 교차시키면서 오늘날의 변화를 생각해보자. 들뢰즈와 과타리는 기계 또는 기계적인 것이라는 개념이 인문사회과학의 한복판에 중요하게 자리 잡을 것을 예견했다고 할 수 있다. 그리고 푸코가 설정한 세 개의 축은 '인간 이후'의 시대에 대한 연구에 체계적이고 발견을 돕는heuristic 관점을 제공한다.[3] 요컨대 기계의 노동, 생명, 언어라는 세 개의 축을 따라 살피는 것은 우리 시대의 변화를 이해하는 효과적인 방법이 될 것이다. 여기

지, 헤겔의 사상은 전혀 아니다. 세포는 사실상 하나의 기계이다."(Monod, 1970: 124-125)

[3] 앞서 푸코의 고고학적 방법에 대해 언급했으나 이 논의가 그것을 따른다는 것은 아니다. 그러기 위해서는 푸코의 방법론에 대한 보다 면밀한 분석과 이해가 필요하고, 무엇보다 20세기 후반 이후의 시대를 규정지은 텍스트들을 선별해야 한다. 이는 추후 별도의 작업으로 미룰 수밖에 없을 것 같다.

에서는 20세기 중반 이후의 풍경을 그리면서 이를 위한 예비 작업을 제안하고자 한다.

### 1) 기계의 노동: 새로운 정치경제학 비판

2016년 세계경제포럼(WEF)은 2020년에 로봇에 의해 500만 개 일자리가 사라질 것이라고 경고했다. 한 보고서에 따르면 2010년의 직업군 중 47퍼센트가 10-20년 안에 컴퓨터 자동화의 영향으로 줄어들거나 사라질 위험에 처해 있다(Bakhsi, Frey, Osborne, 2015). 이 문제와 관련해 제레미 리프킨의 『노동의 종말』은 선구적인 연구라 할 수 있다(Rifkin, 2004; 리프킨, 2005). 1990년대부터 미국을 비롯한 제1세계는 이미 고용 없는 경기회복, 일자리 없는 성장을 경험하고 있다. 리프킨은 그 주된 원인을 기계에 의한 생산력의 급격한 상승에서 찾고 있다. 그는 21세기 중반까지 정교한 소프트웨어가 사무 작업을 수행하도록 변화하고, 기계는 농업, 제조업 등에 있어 인간 노동을 거의 대부분 대체하게 될 것이라고 전망한다. 기술과 노동의 상관관계는 경제학의 오래된 논쟁거리이기는 하지만, 정보화 시대 또는 "접속access의 시대"는 이전과 완전히 다른 양상을 보여준다. 앞으로는 기술의 발전이 경제의 선순환을 일으켜 새로운 노동 분야를 창출하는 것이 아니라 회복할 수 없을 정도로 거대한 실업을 일으켜 자칫 소비의 위축과 경제 자체의 붕괴를 야기할지도 모른다는 것이다.

우리가 겪고 있는 급격한 변화를 산업혁명 시대의 변화와 비교해 생각해볼 수 있다. MIT 교수 에릭 브린욜프슨Erik Brynjolfsson과 앤드루 맥아피Andrew McAfee는 현시대를 "제2의 기계 시대"라고 규정했다(브린욜프슨·매카피, 2013; 브린욜프슨·맥아피, 2014). 18세기 산업혁명이 증기기관의 발명으로 촉발된 제1의 기계 시대라면, 21세기에는 디지털과 컴퓨터 기술에 의해 제2의 기계 시대가 촉발되었다는 것이다. 그리고 전자에서는 저임금 신체 노동이 증기기관 동력을 활용한 기계에 의해 대체되었다면, 이와 평행하게 후자에서는 인간의 지적이고 정신적인 작업이 자동화와 인공지능에 의해 대체되었다고 말한다. 이는 조금 다르게 표현하면 3차 산업(지적인 서비스산업)을 넘어선 '4차 산업'을 맞이할 준비가 되었는지 묻는 질문이라고 할 수 있다. 이때 '4차 산업'의 의미는 아직 확정되지 않았다. 덧붙여 설명하자면 '4차 산업혁명'이라는 표현에서 '4차'가 수식하는 말은 '산업혁명'이지 '산업'이 아니다. 즉 이는 지금까지 산업혁명이 세 번 있었다는 얘기이고, 지금 일어나고 있는 산업의 변화가 네 번째에 해당한다는 의미이다. 다만 이 변화가 3차 산업의 일자리를 급격하게 줄이고 있는 것을 우리는 목격하고 있다. 4차 산업은 기계의 작동을 조율하고 그것의 기호를 번역하는 일을 중심으로 형성될 것이다.

우리가 사회학적 연구 성과들을 참조하면서 보다 관심을 갖는 지점은 인간 이해에 대한 변화와 관련된다. 푸코가 분석한 것처럼 인간성의 본질을 노동에 두는 것이 과연 오늘날 온당할까? 이를 평가하기 위해서는 인간과 노동이 서로 맺고 있는 관계의 역사성을 이해해야 한다. 인간의 본질을 노동에 두는 것은 19세기 중반 헤겔과 맑스에게서 비롯되었다. 노동할 때만 인간은 소외에서 벗어나 자신을 실현할 수 있고, 또 역으로 인간만이 생존을 넘어서 자기실현을 위한 노동을 할 수 있다는 것이다.

하지만 인간과 노동 사이의 독점적인 관계가 그 자체로 자명한 것은 아니다. 들뢰즈와 과타리는 인간뿐 아니라 기계 역시 잉여가치를 생산한다고 주장한다. 이는 리카도와 맑스의 노동가치설을 비판하는 함축을 지닌다. 또한 인간의 본질 또는 우월한 특성을 개념화하는 방식과 관련하여 노동 바깥에도 다양한 관점이 존재한다. 대표적인 예를 들면 아리스토텔레스는 관조에서, 베르그손은 웃음에서, 낭만주의자들은 예술에서, 니체와 하위징아는 놀이에서 그것을 발견했다. 이런 관점들이 지닌 가치를 다시 한번 고려하면서, 사유와 예술과 놀이를 하는 인간들 역시 기계가 생산하는 가치를 분유分有할 수 있도록 인간 이해를 혁신하고 사회체제를 재구성하는 것이 필요하다.

이에 덧붙여 최근 논의되고 있는 기본소득 제도나 그와 유사한 제도들에 대해서도 이런 관점에서 접근해볼 수 있을 것이다. 우리 사회가 이러한 제도를 시행할지의 여부는 사회, 정치, 경제적 관점에서 논의되고 결정되겠지만, 그 근저에는 인간 본성의 규정과 이해라는 문제가 놓여 있다는 점에도 주목해야 할 것 같다. 그러한 제도에 대해 우선 거부감이 든다면, 그것은 "일하지 않은 자는 먹지도 말라"라는 원칙으로부터 나오는 듯 보이기 때문이다. 하지만 앞서 말한 것처럼 인간의 본질은 노동에만 있는 것이 아니다. 그리고 저 구호가 앞으로도 사회의 공정성을 유지할 수 있는 원칙이 될 수 있을지 다시 생각해볼 필요가 있다. 노동은 인간에게만 독점적인 것이 될 수 없기 때문이다. 그리고 저 원칙은 파국을 낳을 수도 있다. 기계의 소유주가 잉여가치를 독점할 수 있기 때문이다. 따라서 기계가 많은 일을 하더라도 모두가 먹고살 수 있는 사회를 구성하기 위한 원칙을 세워야 하고, 그중 하나가 기본소득 제도 또는 그와 유사한 제도가 될 수 있을 것이다.

2) 기계의 생명: 바이오테크의 도전

조르주 캉길렘과 미셸 푸코는 생명이라는 주제가 정식으로 논의되기 시작한 것은 19세기부터라는 주장을 제기한다. 좀 더 과격하게 말하면 생명이 고유한 연구 주제나 개념으로서 이 시기에 '최초로' 등장했다는 것이다. 이러한 주장에 대해서는 많은 논쟁이 있지만 이들이 드러내고자 하는 개념적 공간의 출현은 생명이라는 주제와 관련하여 우리에게 생각해볼 만한 지점을 제공한다.

고전주의 시기에 과학자들이 기관들의 특징을 공시적이고 단일한 평면 위에서 배열했다면, 19세기에 들어서 생명의 감추어진 작동이 그러한 평면 아래쪽 깊은 곳에 등장하게 된다. 앞서 말한 것처럼 라마르크가 1802년에 '생물학'이라는 새로운 이름의 학문을 창시한 것은 이러한 이유에서이다. 이 신조어는 가시적인 기관들과 구별되는 심층에 위치한 성질 또는 힘에 대한 탐구를 의미했다. 그리고 기관들은 생명이 기능에 따라 현시되는 결과로서 파악되었다.

이후 20세기에 생명을 현대적으로 개념화하는 데 결정적인 역할을 한 과학적 사건을 선별하자면 다음의 두 가지를 언급할 수 있다. 하나는 슈뢰딩거Schrödinger가 『생명이란 무엇인가?』(1944)에서 생명을 "음의 엔트로피negative entropy"로 정의한 것이다. 이에 따르면 생명은 '무질서 안에 있는 질서의 자기 조직'이다. 그리고 다른 하나의 사건은 1953년에 화학자 프랜시스 크릭과 제임스 왓슨이 최초로 DNA의 이중나선 구조를 밝혀낸 것이다. 이에 따르면 생명은 개체의 생성과 소멸을 넘어 DNA에 담긴 정보를 운반하는 활동으로 이해된다. 이 두 사건은 모두 생명을 정보의 관점에서 새롭게 개념화하는 길을 열었다. 그리고 생명이 일종의 정보라면 그것은 분해 불가능한 단일체가 아니라 미시적인 수준에서 끊임없이 해체되고 재합성되는 것임을 함축한다.

이제 생명은 이해의 대상일 뿐만 아니라 구성의 대상이기도 하다. 합성 생물학이라는 분야가 등장한 것을 대표적인 예로 들 수 있다. 합성 생물학은 생물학과 공학의 교차 분야로 생물학적 모듈, 시스템과 기계를 여러 목적에 다라 디자인하고 구축하는 학문이다.[4] 즉 생명의 기능과 현상을 이해하는 범위를 넘어서 생명을 조립하고 창조하려는 시도이다.

한 가지 사례를 살펴보자. 2010년 5월 J. 크레이그 벤터 연구소는 '합성 게놈의 박테리아 이식'을 성공했다고 발표했다. M. 미코이데스라는 박테리아의 자연적 DNA를 흉내 내는 108만 염기쌍 규모의 게놈을 인공적으로 합성했고, 이를 다른 박테리아종의 세포에 이식해 합성 생명체를 만들었다. 한 분자생물공학 교수는 『네이처』지를 통해 다음과 같이 논평했다. "엄밀한 의미에서 합성된 것은 아니지만, 생물학의 유명한 격구 '모든 생명체는 알로부터 나온다 Omne vivum ex ovo'의 유효기간은 얼마 남지 않은 것 같다. 이 연구가 성공한다면 수천 에이커에 달하는 사막을 차지하는 생물학적 반응로를 통해 박테리아로 수소 연료를 만들어낼 수도 있을 것이다."(Benner, 2010: 425)

이처럼 19세기에 생명은 심오하고 단일한 힘으로 간주되었지만 21세기에는 분자 수준에서 정보를 운반하는, 따라서 재구

---

[4] '합성 생물학'이라는 용어는 1910년대에 등장했지만, 오늘날 쓰이는 것과 같은 의미에서 적용 가능한 기술을 수반한 현대적인 용법은 1974년에 확립되었다.

성이 가능한 요소들로 이해된다. 생명은 자기 질서를 유지하려는 경향, 자기 형태를 스스로 창조하는 힘, 정보를 다음 세대로 전달하려는 운동으로 이해되며, 그렇기 때문에 무기물과 구별된다. 하지만 동시에 생명은 물질적인 요소 없이 별도로 존재하지 않는다. 생명은 훨씬 더 물질적이며 분자적인 어떤 것이 되었다. 이런 이유에서 앞으로 생명체는 탄생하기보다 조립될 것이라고 상상할 수 있다. 이는 더 이상 생명이 인간(의 존엄성)을 기준으로 이해되지 않는다는 것을 의미한다. 우선 이에 대한 윤리적 기준이 마련되어야 하겠지만, 한편에는 인간 중심적 가치가, 다른 한편에는 인간과 비인간의 공존을 모색하는 가치가 형성되어 서로 격돌하게 될 것이다. 이러한 양상은 생명이 과거에는 인간 또는 동물 개체를 모델로 삼아 이해되었지만, 앞으로는 연결과 작동의 관점에서 파악될 것이라는 점을 암시한다.

### 3) 기계의 언어: 코드와 명령어

케서린 헤일스는 『나의 어머니는 컴퓨터였다』에서 계산적 우주론Computational Universe을 비판적으로 고찰한다(Hayle, 2005; 헤일즈, 2016). 계산적 우주론이란 자연의 기층에 존재하는 것은 정보이며, 자연의 변화란 정보의 연산 결과에 기인한다는 학설을 말한다. 케서린 헤일스는 계산적 우주론이 하나의 물리학적 진리로서는 충분치 않다고 비판한다. 그러나 그녀의 논의는 여기에서 멈추지 않는다. 이러한 과학적 세계관은 온전한 진리는 아니지만, 존재를 그 세계관에 따라 이해하도록 자극하고, 그러한 관점과 방법론에 입각해 새로운 사물들을 만들게 한다.

그녀의 방법론의 요체는 참과 거짓을 구획하는 데 있는 것이 아니라 과학과 문학, 진리와 은유 사이에 작동하고 있는 '상호 매개'를 드러내는 데 있다. "계산적 우주가 기술적, 예술적 실천에서 수단이자 동시에 은유로 작동하는 복잡한 역학을 살피는 데 있다. 계산적 우주는 기술, 존재론, 문화적 아이콘으로서 계산이 갖는 다양한 의미들과 뒤엉키면서 서로 뒤섞이는 재귀적 루프를 생산하는 동시에 그에 의해 생산된다."(헤일스, 2016: 4) 요컨대 디지털 정보 우주는 과학적 사실로서는 부분적일 뿐이지만, 오늘날 기술적·예술적 상상력을 추동하는 중요한 동력이라는 점에서는 실제 효력이 있다는 것이다. 즉 디지털 정보에 의해 구성된 것으로 간주할 수 있는 사물들이 실제로 닮아지는 루프가 형성되는 것이다.

앞서 설명한 것처럼 헤일스는 세계와 근본적으로 관계 맺는 언어에 대한 관점을 말하기, 글쓰기, 코드라는 세 가지로 나눈다. 그녀는 한편으로 데리다가 쓴 『그라마톨로지』의 언어관을 영미 문학과 컴퓨터 과학에 적용하면서 다른 한편으로 데리다에서 더 멀리 나아가고자 한다. 데리다는 말하기와 글쓰기의 상관관계에 집중하면서, 순수 의미를 발화하는 말하기란 존재하지 않으며, 글쓰기와 같은 기입의 작용이 이미 말하기의 한복판에 놓여 있다는 점을 드러낸 바 있다. 헤일스는 이러한 데리다의 입론을 적극적으로 수용하면서도 새로운 언어의 시대가 도래했다는 점을 덧붙인다. 기표와 기의가 미끄러지고 따라서 무한한 해석을 요구하는 문학적 텍스트라는 관념이 무력화되는 지점에 도달했는데, 그곳은 컴퓨터 프로그래밍의 영역이다. 코드의 언어는 다의적인 해석의 여백이 아니라 일의적인 정보 전달을 목표로 하고, 심오한 의미가 아니라 분명한 명령을 담고 있다.

푸코는 19세기에 언어의 감추어진 의미를 해석할 수 있는 특권을 가진 존재로서 인간이 등장했다고 분석한 바 있다. 요컨대 인간의 언어는 해석의 언어이다. 문헌학과 해석학은 인간의 고귀한 자리에 상응하는 19-20세기의 학문이다. 반면 이제 중심 자리를 차지하는 언어는 기계의 언어, 명령어이다. 최근의 교육 프로그램 역시 이러한 변화를 반영하고 있다. 초등학생부터 대학생에게까지 해석의 언어에 대한 인문학적인 교육을 축소하고 기계적인 프로그래밍의 언어, 코딩 교육을 강화하는 추세가 일반화되고 있는데, 이러한 변화는 취업률이라는 기준보다 더 큰 맥락에서 이해되어야 한다. 심연에 감추어진 비의秘義를 이해 가능한 표면으로 옮기는 독해가 아니라 모듈들을 연결시키고 작동시키는 코드의 작성이 포스트휴먼 시대의 주요 언어형식이 될 것임을 암시하는 것이다.

## 3. 중심에서 벗어난 인간을 위하여

우리는 앞에서 에피스테메의 체제 안에서 인간이 차지했던 중심 자리를 기계가 대신하는 과정, 또는 좀 더 정확히 말하자면 연결성과 작동성의 관점에서 인간과 기계가 같은 평면 위에 놓이게 되는 과정을 살펴보았다. 노동과 관련하여 기계가 인간의 일을 많은 부분 대신하고, 생명과 관련하여 분자적인 조립으로 새로운 생명체를 구성할 수 있게 되고, 언어와 관련하여 해석의 여백이 명령의 코드로 대체될 것이다. 이를 배경으로 몇 가지 실천적인 제안을 하는 것으로 이 장을 마무리하고자 한다.

첫째, 유전공학, 보철 기술, 로봇공학, 뇌과학, 인공지능, 신경과학, 사물인터넷, 나노공학 등 현대 과학기술은 일반인들이 소화하기에는 너무 많은 분야에서 혁신적인 성과들을 끊임없이 발표하고 있다. 과학기술이 사람들의 생활 방식과 사고방식에 큰 변화를 야기하고 있는 상황에서 이러한 변화들이 방향 없이 인지될 경우 사람들은 무방비한 상태에 놓이게 된다. 과학기술은 과학자에 의해 발달되는 것이지만 그 성과와 의미는 과학자뿐만 아니라 대중들에 의해 공유되고 평가되어야 한다. 따라서 포스트휴먼 시대의 과학기술이 인간의 신체와 정신을 어떻게 바꾸어나갈 수 있는지 대중들이 용이하게 이해할 수 있어야 한다.

둘째, 모든 이론과 실천이 (배타적으로 인간만을 위한 것은 아니지만) 인간의 자유와 지복을 위한 것임은 당연하지만 이 말이 인문학의 에피스테메의 중심 자리를 반드시 인간이 차지해야 한다는 의미는 아니다. 인간 이외에 다른 개념이 그 자리를 차지하더라도 인간을 위한 실천철학은 가능하기 때문이다. 이를 테면 고전주의 시기에 속하는 스피노자의 『윤리학』에서 인간은 신의 전개 안에서 산출되는 양태일 뿐이지만 궁극적으로 그것은 인간의 지복을 위한 철학이기도 하다. 우리는 서양철학사에서 많은 것을 배울 수 있는데 특히 17세기 철학자들의 활동은 오늘날 큰 영감의 원천이 되는 것 같다. 이 시기는 천문학과 기계론의 발달로 인해 정신적인 것과 물질적인 것의 경계가 새롭게 확정되던 때였기 때문이다. 그리고 인과적 이해 방식이 인간 정신의 영역을 침습하고 있는 21세기 초 이 시기에 관념과 물체 사이의 경계와 상호 관계를 다시 한번 새롭게 수립해야 하는 과제가 우리에게 주어져 있다.

오늘날 인과법칙의 미시적인 영역이 깊은 곳까지 해명되고 있지만 그럴수록 인간은 점점 더 빠른 속도로 기계화될 것이다. 이런 변화를 둘러싸고 신경질적인 불안과 맹목적인 낙관이라는 양극단의 태도가 두드러지고 있다는 점에서 현 상황에 대처할 새로운 이론과 실천이 요구된다. 서양의 인문학 역사에서 인간이 중심적인 위치를 차지했던 것은 한정된 기간 동안이었다. 이제 기계적인 것이 인문학의 개념망의 중심에 진입하는 것을 긍정해야 한다. 동시에 이것으로부터 도출되는 결과 안에서 인간을 위한 실천철학이 가능하다는 점을 사유할 필요가 있다.

# 제2부 사례

# 4장 회복의 느낌: 시몽동의 기술미학

'에스테티크esthétique'라는 말이 기원하는 '아이스테시스aisthesis'는 고대 그리스에서 단순히, 그리고 대개의 경우 폄하하는 의미에서 '감각적'이라는 뜻으로 쓰였다. '에스테티크'가 '미학'이라는 독립적인 학문의 지위를 갖게 된 것은 18세기 중후반 바움가르텐과 칸트를 거치면서였다. 그런데 이러한 승격은 이 말이 '아름다움'이라는 의미로 한정된다는 조건하에서 이루어진 것이었다. 칸트의 사유에 따르면 여러 감정 중에서 아름다움만이 지닌 독특성이 있는데, 그것은 주관적인 즐거움이면서도 보편적인 요구가 될 가능성을 품고 있다. 근대 미학은 이러한 전환하에서 펼쳐졌다. 그러다 니체 이후 미학의 의미는 대체로 '감각적'인 것으로 회귀했다고 말할 수 있다. 현대 미학은 감각으로 되돌아가 그것의 고유성, 우선성, 초월성, 그리고 과잉과 범람의 성격 등을 사유하는 학문으로 전개되었다.

미학은 오랫동안 '사이'에 있는 학문으로 간주되었다. 특히 어떤 사유 체계가 이원론적 특성이 강할수록 그 체계 안에서 미학은 두 세계를 매개하는 역할을 떠맡았다. 플라톤의 『파이드로스』에서 아름다움에 대한 감정은 다양한 것에서 단일한 것으로, 일시적인 것에서 영원한 것으로 '상승'하려고 하는 욕구가 우리 안에 내재해 있음을 입증해주는 사실적인 증거이다. 칸트의 『판단력비판』은 그의 건축술 안에서 독자적인 건물이면서 동시에 지성과 이성의 두 건물을 연결하는 통로처럼 세워져 있다. 아름다움은 상상력과 지성 사이에서 느껴지며 숭고는 지성 너머 이성의 이념을 지시하는데, 이를 통해 아름다움과 숭고는 인식과 윤리, 존재와 당위를 매개하는 역할을 한다. 아름다움과 숭고는 자연 속에 이념이 간접적으로 현시되는 하나의 '상징'이 된다.

시대마다 매개와 종합의 과제는 새롭게 제기되고, 미학은 다른 맥락 안에서 재구성된다. 이러한 역사적 배경을 볼 때 다음과 같은 질문을 할 수 있다. 그렇다면 오늘날 새롭게 제기되는 미학의 문제는 무엇인가? 질베르 시몽동Gilbert Simondon의 미학은 이 측면에서 중요한 사유의 계기를 제공한다. 자연과학이 강력하게 근대적 전환을 추동한 데 비해 철학은 지연된 채로 머물러 있었는데, 시몽동은 개체화와 기술의 문제를 중심으로 작업을 전개해 뒤늦게 그것을 따라잡고자 했기 때문이다. 여기에서 근대적 전환이란 고대 철학의 형상과 장소 개념이 근대 철학에서 힘과 운동으로 점진적으로 대체되는 것을 의미한다. 19세기 전자기학과 통계역학, 20세기의 양자역학에 이르면 존재와 개체를 사유하기 위한 개념 틀에서 형상은 설 자리가 없어진다. 그러나 철학사를 살펴보면 16-17세기부터 개체적 실체성과 보편적 법칙성 사이에서 괴리가 생겼다고 할 수 있는데, 많은 근대 철학자는 전자에서는 본질적 형상을, 후자에서는 기계적 인과성을 취하는 방식으로 절충하려 했다.

반면 시몽동 철학의 전체 기획은 이러한 절충에 대한 철저한 거부에서 시작한다. 그는 아리스토텔레스에서 칸트에 이르기까지, 고대에서 근대까지 서양철학사를 일관되게 장악했던 질료형상설을 비판한다. 이는 두 가지 비판으로 전개되는데 하나는 형상 우위의 사고에 대한 비판이며, 다른 하나는 질료의 균질화된 개념화에 대한 비판이다. 시몽동은 기술적 사례들에 대한 구체적이고 세밀한 이해와 철학 개념들에 대한 사변적 비판을 오가면서 다음과 같은 사실을 확립한다. 첫째, 존재는 포텐셜potentiel이 과포화된 상태로서 개체들을 스스로 만들어낸다. 둘째, 자연은 다양한 정도 차와 독특성을 품고 있으며, 기술은 이러한 이질성에 기반해 전개된다. 전자는 그의 개체화 이론의 출발점을 형성하며, 후자는 그의 기술철학의 토대에 해당한다.

앞으로도 보겠지만 시몽동의 사유는 구분과 초월에 호소하는 이원론적 철학이라기보다 분화와 중첩을 통해 전개되는 일원론적 사유에 속한다. 그렇다면 그의 사유 체계에서 미학은 어떤 간극을 매개하도록 요청되는가?[1]


**1. 시몽동의 (일반) 미학**

1) 사유의 영역들

시몽동의 작업에서 미학이 중심적인 위치를 차지하는 것은 아니다. 다만 기술을 총체적인 것 안의 한 부분으로서 위치시킬 때 미학이라는 주제가 드물게 등장한다. 그의 박사 학위 부논문인 『기술적 대상들의 존재 양식에 대하여』(이하 『기술적 대상』으로 표기)는 서론과 결론 그리고 총 3부의 본론으로 구성되어 있다(Simondon, 1989; 시몽동, 2011). 칸트의 용어를 빌리면 1부와 2부는 기술에 대한 분석론에 해당하며, 3부는 기술에 대한 변증론에 해당한다. 전자는 기술적 대상들, 특히 시몽동이 자주 되돌아가는 대상인 진공관과 터빈을 포함한 다양한 사례에 대한 역사적이고 구체적이며 경험적인 연구를 담고 있다. 반면 후자는 기술성 자체, 즉 '기술이란 무엇인가'에 대한 답을 탐색하기 위해 그 밖으로 빠져나와 기술의 상위, 동위, 하위 영역들을 해명

---

[1] 시몽동의 미학에 관해 참고할 만한 선행 연구로는 김재희(2015), 뒤엠(Duhem, 2008; 2019), 카로치니(Carrozzini, 2011) 등이 있다.

한다.[2]

『기술적 대상』에서 시몽동이 미학에 대해 언급하는 것은 3부에서 "기술성의 본질"을 탐구하면서부터이다. 시몽동에게 발생적 관점은 무엇보다 중요한 방법론이고 여기에서도 일관되게 유지된다. 다만 기술과 발생 간의 상호 관계 내지는 둘이 관계 맺는 범위가 달라지는데, 앞에서는 기술 내의 발생들, 즉 다양한 기술적 대상의 출현에 대해 다루었다면 여기에서는 발생 내의 기술, 즉 보다 총체적인 것으로부터 기술이 어떻게 출현하는지를 다루고 있다. 후자는 분석적으로 다루어질 수 없고, 본격적으로 철학적 사유의 대상이 된다. 여기에서 '철학적'이라는 말에 그가 부여하는 내포는 그가 현상학으로부터 다소간 영향을 받았다는 점을 일깨운다. 그것은 "인간과 세계 사이의 관계 맺음"으로부터 유래하는 종합적인 사유를 의미하기 때문이다(시몽동, 2011: 221 참조).[3]

그는 이렇게 기술성 자체의 본질에 대해 물으면서 기술철학

---

[2] "기술적 대상들의 복수성에서 출발하는 어떠한 귀납적인 연구도 기술성의 본질을 발견할 수 없다. 따라서 시도되어야만 하는 것은, 철학적 방법을 사용하면서, 발생적 방법에 따라 기술성을 직접적으로 검토하는 것이다."(시몽동, 2011: 218)

[3] 또한 다음 참조. "기술적 대상들의 존재와 그들의 발생 조건들은 … 하나의 문제를 철학적 사유에 제기한다. 즉 사유, 인간의 존재, 그리고 이 인간의 세계 내 존재 방식, 이 모두의 앙상블과 관련해서 기술적 대상들의 발생이 갖는 의미는 무엇인가?"(시몽동, 2011: 220)

에서 형이상학으로 나아간다. 3부 "기술성의 본질" 부분은 '기술적 대상'이 아니라 '기술적 사유'에 초점이 맞추어져 있으며, 또한 이러한 사유의 방식이 여타 사유의 방식들과 어떤 관계에 놓여 있는지에 관심을 두고 있다. 마치 통일된 우주가 분열되어 다양한 천체가 발생했다고 추론하는 우주발생론처럼 시몽동은 인류학적 차원에서 사유 양식들의 발생학을 전개하고 있다.

발생과 분화를 만들어내는 존재론적 문제 상황은 어떻게 인간이 세계와 관계 맺을 것인가 하는 데에서 비롯된다. 이러한 문제를 해결해가는 가운데 그 잠정적인 해답으로서 여러 위상phase이 차례로 등장한다. 그 첫 번째가 마술적 위상이다. 이것은 인간과 세계가 아직 분화되기 이전의 "가장 단순하고 가장 근본적인 것, 존재와 환경 사이에 교환이 일어나는 특권화된 지점들로 이루어진 연결망"(시몽동, 2011: 235)이다. 그리고 이 연결망에서 풍부한 독특성들의 집합인 이것들heccéités, 즉 개체들이 발생해 솟아오르면서 인간의 역사가 시작된다.

시몽동이 사유 영역들의 발생을 설명하기 위해 세운 가설을 요약하면 다음과 같다(〈그림 5〉 참조). (1) 원초적으로 존재하는 것은 포텐셜이 풍부한 시스템이다. (2) 이것은 동질적이고 죽은 어떤 것이 아니라 암묵적이지만 실재적인 조직화를 품고 있다. (3) 이렇듯 암묵적이지만 고유하게 풍부한 방식으로 인간-세계 관계를 조직화한 것이 마술적 양식이다. (4) 하지만 점점 바탕으로부터 모양이 생겨난다. 즉 모양과 바탕의 구별이 발생한다.

(5) 이 양자는 서로 멀어지면서 전문화와 차별화의 과정을 겪게 된다. (6) 모양을 담당하는 쪽은 기술, 바탕을 담당하는 쪽은 종교가 된다. (7) 기술은 세계 쪽과 관계하며, 종교는 인간 쪽과 관계한다. (8) 이들 각각은 자신이 관계 맺고 있는 쪽의 실재성을 흡수하면서 과포화되고, 각각의 내부에서 다시 한번 모양과 바탕으로 양분된다. (9) 기술 쪽에서 a) 총체적인 바탕은 이론적 지식을 구성하고, b) 특수한 도식을 담은 모양은 구체적인 적용과 실천을 제공한다. (10) 종교 쪽에서 a) 바탕은 실천이 되고, b) 모양은 이론이 된다. (11) 두 영역의 이론이 만나 과학적 지식을 형성하며, 두 영역의 실천이 만나 윤리를 형성한다. 시몽동

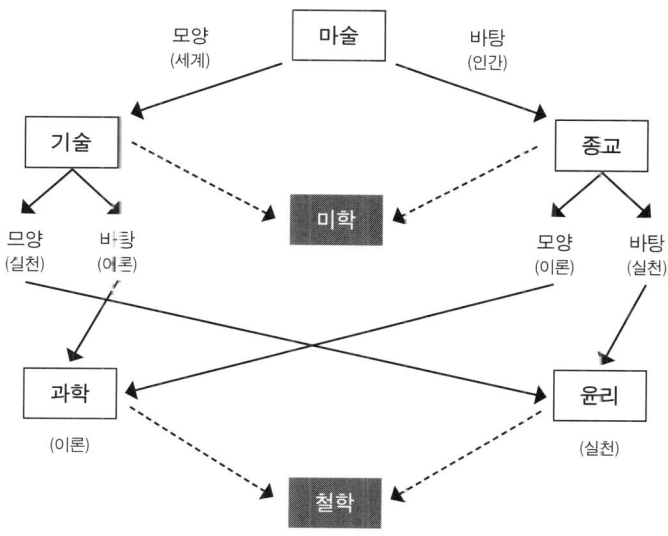

〈그림 5〉 인간-세계 관계의 분화: 사유 양식들의 발생

은 사유 영역의 발생과 관련하여 시기 구분을 하지는 않지만, 기술과 종교가 서양의 고대와 중세를 주도했다면, 과학과 윤리는 근대에 비로소 등장했다는 점을 암시하고 있다.

### 2) 모양과 바탕

여기에서 잠시 시몽동에게 있어 존재론적 범주로까지 여겨지는 모양figure과 바탕fond이라는 개념 쌍에 대해 언급할 필요가 있을 것 같다. 이 개념 쌍은 시몽동의 이론에서 핵심적인 자리를 차지하며, 그의 주저 두 권을 연결하는 역할을 하기도 한다. 『형태와 정보 개념에 비추어 본 개체화』(이하『개체화』로 표기)에서 그의 관심은 형태가 초월적이고 목적론적이고 영속적인 것이 아니라 바탕으로부터 내재적이고 잠정적이고 준안정적인 상태로 발생한다는 점을 입증하는 데 있다. 이때 바탕은 형태가 외부로부터 부여되기를 기다리는 비활성적인 것이 아니라 포텐셜로 가득 찬 과포화 상태의 질료이다. 시몽동의 바탕-질료는 현무암이 생겨나는 용암 같은 것이다. 그의 이론이 주로 비판하는 대상은 형태와 질료, 모양과 바탕을 본성상 구분되는 것으로 간주했던 아리스토텔레스의 질료형상설이다.

반면『기술적 대상』(특히 3부)에서 시몽동의 이론은 모양과 바탕의 분열이 야기하는 사유 영역들의 분화를 기술한다. 본래 인간과 세계의 원초적 관계는 주체도 대상도 없는 환경의 관계

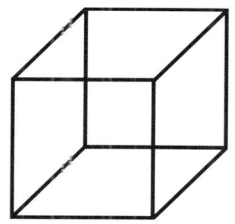 

〈그림 6〉 게슈탈트 이론에서의 바탕과 모양 사이의 모호성

이다. 그러나 합착되어 있던 모양과 바탕은 점점 끊임없이 분열되면서 여러 단계의 위상을 차례로 만들어낸다.

    모양/바탕 개념 쌍은 시몽동 본인이 말하듯 게슈탈트 이론으로부터 가져온 것이다.4 이러한 활용은 일차적으로 모리스 메를로퐁티Maurice Merleau-Ponty의 영향을 받은 것인데, 그는 『행동의 구조』(1942)에서 이미 게슈탈트 이론을 소개하면서 지각과 행동이 부분들의 합으로 이루어지는 것이 아니라 전체적인 형태의 지각에 의존한다는 점을 해명하고자 했다(〈그림 6〉 참조). 그후 이 개념 쌍은 프랑스 현상학의 지형 안에서, 그리고

---

4  "만일 우리가 인간과 세계의 관계 맺음에서 잇따른 단계들 사이의 변증법적 관계 맺음이라는 관념을 제거한다면, 무엇이 기술성을 출현시키는 잇따른 양분들의 동력일 수 있는가? 형태 이론[=게슈탈트 이론]을 참조하여 그 이론이 모양과 바탕 사이에 설립하는 관계를 일반화하는 것이 가능할 수 있다."(시몽동, 2011: 234) 용어와 관련하여 『개체화』에서는 형태forme, 『기술적 대상』에서는 모양figure이 사용되고 있는데, 양자 모두 게슈탈트의 프랑스어 번역어이다.

얼마간은 그 바깥에서도 기본적인 도식이 되었다.

이 개념 쌍이 시몽동뿐 아니라 당대 현상학 진영 전체 안에서 어떤 의미를 가졌는지 이해하기 위해서는 다음을 함께 살펴볼 필요가 있다. 앙리 말디네Henri Maldiney는 게슈탈트Gestalt(forme)보다 게슈탈퉁Gestaltung(formation)이라는 용어를 사용해 이해할 필요가 있다는 점을 지적했다. "게슈탈퉁 이론은 게슈탈트(형태)에 이르는 길들에 관심을 갖는다. 이것은 형태의 이론이지만, [보다 정확히 말해] 거기에 도달하는 길에 강조점을 두는 것이다."[5] 즉 그는 정적인 형태가 아니라 동적인 형태발생을 설명하고, 형태들이 공간뿐만 아니라 시간 안에서 어떻게 연달아 발생하는지 해명하고자 한다. 그리고 앞으로 끊임없이 형태들을 만들어낼 바탕에 해당하는 것은 『개체화』에서는 (아직은 형태와 대립하기 이전인) 과포화 상태의 물질, 『기술적 대상』에서는 (주체도 대상도 없는) 원초적 환경의 관계이다.

### 3) 기술과 종교의 분화

시몽동은 모양과 바탕의 존재론으로부터 출발하여 발생론적

---

[5] 이 인용문은 원래 화가인 파울 클레의 표현이고, 앙리 말디네가 인용한 것을 재인용한 것이다(Maldiney, 1973: 156 참조). 두 사람은 모두 바탕으로부터 형태가 불안정한 상태로 '솟아오르는' 것에 관심을 가졌다. 파울 클레의 작품은 〈그림 7〉 참조.

〈그림 7〉 파울 클레, 〈세네치오Senecio〉, 1922 ⓒ게티이미지코리아

이고 인류학적인 사유의 나무를 그려낸다. 마술과 같은 원초적인 삶은 모양과 바탕의 분열이라는 잠재력을 품고 있었으며, 그로부터 빅뱅처럼 기술과 종교, 과학과 윤리가 차례로 태어나게 되었다는 것이다. 마술, 기술, 종교, 과학, 윤리는 사유 양식의 다섯 가지 의상에 해당한다. 우리는 기술과 종교를 '위상변이

의 1열', 과학과 윤리를 '위상변이의 2열'이라고 부를 수 있을 것이다.

그렇다면 미학과 철학은 어디에 위치하는가? 이것들은 각 열의 사이에 위치한다. 이것들은 분열된 것을 종합하려는 시도, 중간에 위치하는 노력이다. 미학은 1열인 기술과 종교 사이에 위치하며, 철학은 2열인 과학과 윤리 사이에 위치한다(〈그림 5〉 참조). "[미학적] 사유는 하나의 위상이 아니라, 마술적 존재 양식의 단일성이 파열된 것에 대한 영속적인 환기이자 미래의 단일성에 대한 추구이다."(시몽동, 2011: 229) 마술이 파열된 자리에 미학이 위치한다. 그러나 이것은 재봉합에 완전히 성공하지 못하며, 철학에 대한 기대로 이어진다. "마술적 단일성의 첫 번째 유사물analogue인 미학적 사유 너머에서 마술적 단일성의 두 번째 유사물[철학적 사유]을 제공한다."(시몽동, 2011: 230) 미학이 무의식적인 통합의 느낌이라면 철학은 의식적인 통합의 노력이다. 그런데 미학과 철학은 별도의 위상이 아니다. 이것들은 모두 하지 않을 수 없는, 그러나 결코 완수할 수 없는 시도와 노력이기 때문이다.

마술적 위상 안에서 우주는 환경으로서 체험된다. 여기에서 인간과 세계는 직접적으로 연결되어 있고, 여기에는 원초적인, 그러나 나름대로 고유한 구조가 엄존한다. 그것은 "특권화된 장소들과 특권화된 순간들을 새겨 넣은 공간과 시간의 망상網狀"(시몽동, 2011: 235)이며, 이후 분화, 위상변이, 중첩을 발생시킬 우주의 포텐셜에 해당한다. 여기에서 우주의 원초적 환경에 어떤 장소들과 순간들이 특권화되어 있다는 점은 매우 중요하다. 이러한 지점들이 "실재의 바탕 안에 포함되어 있는 힘들을 유지하고, 집중하고, 표현"(시몽동, 2011: 236)하기 때문이다.

자연은 전혀 균질하거나 평준화되어 있지 않으며, 매우 불균질하고 차등화되어 있다. 예를 들어 "숲에서 가장 침투 불가능한 부분이 숲의 모든 실재성이 거주하는 곳이듯 높은 산봉우리는 산의 지배자다."(시몽동, 2011: 236) 시몽동은 자연지리학과 인문지리학이 중첩된, 그것들이 분할되기 이전의 자연의 습곡으로 우리를 초대한다. 이러한 "요충지들", "특이점들"은 자연적 능력들이 집결되는 곳인 만큼 인간적 노력이 집중되는 곳이기도 하다. 그에 따르면 이러한 초대에 실제로 응하는 사람들은 높은 산에 오르는 등반가들이다. "산이 거기에 있기 때문에 오른다"라는 잘 알려진 문장은 등반이 자연의 특이점과 우정을 교환하기 위한 것이라는 점을 상징적으로 보여준다. 또한 시간상으로도 그렇게 특권화된 구조가 존재하는데, 부분적으로는 휴가, 축제, 바캉스가 우리에게 마술적 관계를 복원하려는 본능이 남아 있음을 증명한다.

그런데 앞에서 보았듯이 마술적 통일성은 기술과 종교로 분할되면서 위상변이된다. 세계 쪽으로는 기술이라는 이름으로 매거의 대상화가 일어나고, 인간 쪽으로는 종교라는 이름으로 매거의 주체화가 발생한다. 이때 모양들은 바탕으로부터 분리

된다. 다시 말해 요충지들은 자신들이 붙어 있던 그물망으로부터 탈착된다. 요충지들은 더 이상 특권화된 하나의 지점과 순간에서 힘을 갖는 게 아니라 어느 지점이나 순간에서도 연결 가능한 "유동적인 도구들"(시몽동, 2011: 240)이 된다. 이처럼 요충지들은 고립, 분리되면서 기술적 대상이 된다. "요충지들이 구체화된 연장들과 도구들의 형태로 대상화하는 동안 바탕의 능력들은 신적이고 성스러운 형태(신들, 영웅들, 사제들)로 인격화되면서 주체화한다."(시몽동, 2011: 241)

간단히 말해 기술적 대상은 바탕 없는 모양이라고 할 수 있다. 기술적 대상은 모양이 파편화되고 그 구조가 분리된 결과이다. 높은 장소가 전망대가 될 때 기술적 대상이 생겨난다. 그 능력은 그대로 보존되지만 주위와의 연결은 상실되고 그 대신 새로운 연결과 접촉을 탐색해야 한다. 반대로 모양 없는 바탕은 종교의 영역이 된다. 바탕의 힘과 질은 주체 고유의 내면으로 위상이 변이된다.

### 4) 미학적 인상의 의미

총체성의 각 절반은 전문화를 거친 후에 복수화되고 확장된다. 양쪽은 서로를 만나 온전한 총체를 회복하고자 하는데, 그 사이에서 미학적 태도가 태어난다. 시몽동에 따르면 우리가 일상에서 미학적 인상을 갖는 것은 서로 멀어진 양쪽이 되돌아와

재결합하기 때문이다. 종교에 버금가는 기술, 또는 기술처럼 강력한 종교에서 우리는 그러한 인상을 갖는다. 예를 들어 "시멘트와 바윗돌의 일치, 케이블과 계곡의 일치, 철탑과 언덕의 일치"(시몽동, 2011: 259) 같은 경우가 그렇다. 이런 이유에서 미학적 인상은 총체성의 예감, 완전성의 느낌을 내포한다. 이렇듯 일치로부터 미학적 인상을 받는 순간은 우리 삶에서 특별한 지점, 주목할 만한 지점이 되고, 마술적 관계 안에 있는 독특한 장소와 순간에 비견할 만한 유비물이 된다.[6]

언뜻 보기에 시몽동의 미학적 인상은 19세기 낭만주의자들이 기술에 투여했던 숭고미와 유사해 보이지만 그것과는 사뭇 다르다. 인간의 상상과 예상을 뛰어넘는 기술의 압도적인 측면에 경이감을 느끼는 것이 아니라 기술이 자신의 본적인 자연의 부분으로 적합하게 되돌아갔을 때 온전성을 경험하기 때문이다. "기술적 도식들과 자연적 능력들이 상호 협력하는 하나의 동맹 안에서 설립되는 것이다. 바로 여기에서 미학적 인상이 나타난다."(시몽동, 2011: 260) 이런 점에서 시몽동의 기술미학은 일종의 '지리미학géo-esthétique'이라고 부를 수도 있을 것이다. 그

---

6    자연이나 기술의 반대쪽, 즉 정신이나 종교 쪽에서 발생하는 미학적 인상에 대해서도 동일하게 말할 수 있다. 아마도 기존의 미학과 예술의 대부분은 인간의 감정과 실존에 초점을 맞춘다는 점에서 여기에 속한다고 할 수 있다. 다만 여기에서는 시몽동이 그런 것처럼 우리의 관심을 기술미학에 한정하기로 하자.

것은 대지의 비균질적인 구조, 힘, 질의 존재로부터 출발하여 이것들 사이의 분리, 대상화, 이동, 이식 안에서 이론화되고 있기 때문이다.

"미학적 대상을 정의하는 것은 분명 이러한 삽입이지 모방이 아니다."(시몽동, 2011: 263) 우리는 앞서 원초적 인간-세계 관계 안에 이미 특이한 장소들, 예외적인 시간들이 포함되어 있다는 점을 말했다. 이는 시몽동 미학이 전개되는 배경이 된다. 즉 조각상이 예술 작품이 되고, 건축물이 미학적 가치를 갖는 것은 그것이 세계의 특별한 어떤 지점들에 자리 잡고 있기 때문이다. 예술 작품의 창작과 감상은 전적으로 "예외적인 장소들과 순간들에 대한 이러한 감수성"(시몽동, 2011: 263)으로부터 나온다. 시몽동이 드는 예는 다음과 같다. 바람에 가득 부풀어 올라 범선을 바다로 실어가는 돛대, 암초 주변에 세워진 등대, 계곡을 가로지르는 케이블들을 받치고 있는 철탑들의 선. 더 많은 구체적인 예시를 아래에서 보겠지만 우선 여기에서 다음과 같은 시몽동 미학의 특징을 알 수 있다.

시몽동이 볼 때 미학적 대상이 있기 위해서는 그에 앞서 미학적 인상이 있어야만 한다. 기술적 대상은 어떤 조건하에서 미학적 인상을 줄 수 있다. 그 조건이란 대상이 프레임 안에 있지 않고 그 밖으로 흘러넘칠 때인데, 형태가 아니라 작동과 운동의 관점에서 볼 때 그렇게 바깥과 연결될 수 있다. 마치 많은 다리를 감추고 있던 거미 로봇이 어느 장소에 삽입된 후 다리를 펼쳐 주위와 잘 결합된 채로 에너지와 운동을 교환하는 한 장면처럼 말이다. 이러한 운동의 순환은 단순히 가시적인 게 아니라서 이해와 교육, 그리고 사유가 필요하다. 사람들은 아는 만큼 느낄 것이다. 시몽동의 미학에서 감성과 지성은 뒤섞여서 그것들이 어디에서 시작하고 어디에서 끝나는지 알기 어렵다.

미학적 인상이 기술적 대상과 종교적 주체가 상대방을 향해 나아갈 때 나타나는 것이라면 미학적 대상은 양자의 중립지대에서 새로운 실재로서 만들어진다. 앞서 말한 것처럼 기술적 사유는 모양의 요소로 이루어져 있고, 종교적 사유는 바탕의 질과 힘들로 이루어져 있다. 이때 미학적 사유는 모양의 구조와 바탕의 질들을 종합한다. 다음은 시몽동이 직접 든 예는 아니지만, 말라르메가 오래된 도시의 벽돌의 주름에서 옛 친구들의 우정을 떠올릴 때 모양과 바탕이 재결합되는 대표적인 미학적 사유가 나타난다. "아름다운 것은, 그 대상에 관해서 행해지고 있는, 세계의 실재적인 한 측면과 인간의 한 몸짓 사이의 만남, 바로 이것이다."(시몽동, 2011: 275) 예술 작품들은 이러한 만남의 구조물로서 중립지대에 독자성과 밀도를 부여한다. 이렇게 미학적 대상은 기술과 종교, 모양과 바탕, 대상과 주체, 구조와 질을 매개한다.

시몽동의 중요 개념을 사용해 말하자면 예술은 '변환transduction'한다.[7] 첫째, 예술은 기술적 양식과 종교적 양식 사이에서 변환한다. 하나의 기술적 대상은 그 자신인 채로 머무르면서 동시에 종교적 대상으로서 나타난다. 예를 들어 레오나르도 다빈치의 세밀한 인체 비례도는 기술적인 성취 너머 어딘가 모르게 정신적인 성격을 지니는 것처럼 느껴진다. 이렇듯 미학적 양식 안에서 변환되고 소통되면서 존재 양식들의 파편성은 완화된다. 둘째, 하나의 대상은 '지금 여기'에 있는 특수한 개체이지만, 예술 작품이 될 때 그것은 실재의 앙상블을 다른 시간과 공간으로 옮길 수 있게 그 성격을 변환한다. 문학과 예술의 힘이라고 오랫동안 일컬어진 유비類比의 힘은 바로 여기에서 나오는 것이다. 그것은 특정한 하나의 이야기이거나 구조이지만, 동시에 어떤 멀리 떨어진 이야기와 구조를 지시하기도 한다. 시몽동은 이처럼 유비의 존재 근거를 자신의 주요 개념인 변환 위에서 확립한다.

## 2. 시몽동의 기술미학

시몽동의 미학적 사유가 어떻게 연장되는지 들여다볼 수 있는 또 다른 텍스트는 그가 말년에 작성한 「기술미학에 대한 견해」(1982)이다(Simondon, 2014: 379-396 참조).[8] 이 장이 다루는 주

---

7   '변환' 개념의 의미와 역할에 대해서는 김재희(2017: 52-56) 참조.
8   이 에세이는 국제철학학교Collège international de philosophie의 창립을 계기

제는 무척 흥미로우나, 길이가 짧은 데다 미완성이어서 그의 생각을 온전히 알기는 어렵다.[9] 그렇긴 하지만 몇 가지 주요 생각을 파악해볼 수 있으며, 구체적인 예시들이 제시된다. 제도 바깥의 철학학교의 설립을 위한 글인 만큼 시몽동은 서두에서 "접면interfaces"에 대해 생각해볼 것을 호소하고 있다. 그는 이 장에서 그동안 분리되었던 기술과 미학의 접면, "범주 간 혼합fusion intercatégorielle"(Simondon, 2014: 382)으로서의 "기술미학techno-esthétique"을 제안한다.

여기에서도 시몽동이 기술과 종교를 인간 지식과 활동의 가장 큰 두 축이라고 생각한다는 점이 드러난다. "종교의 사유와 실천"을 하나의 가능한 주제로 언급한 다음 바로 이어서 기술과 관련한 주제를 제안하고 있기 때문이다. 대표적으로 기술과 미학의 교차 영역, 즉 "기술미학"을 정초할 수 있는 가능성을 묻는데, 이는 기술적 대상이 유용성을 넘어 감각의 대상이 되는 일이 경험 속에서 벌어지고 있기 때문이다. 이 장에서 시몽동이 자유롭게 묘사하고 있는 사례들을 몇 가지 유형으로 나누어 분석해보자.

로 작성된 것으로 알려져 있다. 창립을 주도했던 데리다의 회람 편지에 대한 회신 격으로 시작되었으나 이내 곧 독립적인 에세이로 바뀌었다. 미완성 원고로 살아생전에는 발표되지 않았으며, 사후 1992년 시몽동을 주제로 한 학술 대회를 계기로 첫 출간되었다.

**9** 이 장의 성격에 대한 분석으로는 뒤엠(Duhem, 2019) 참조.

## 1) 현시 기술

그가 명백하게 대표적인 예로 제시할 수 있다고 생각하는 창작자는 르코르뷔지에Le Corbusier와 귀스타브 에펠Gustave Eiffel이다. 르코르뷔지에는 아르브르레슬Arbresle의 수도원 건물 벽에 애벌 미장을 하지 않고 시멘트 벽을 고스란히 노출시켰는데, 이는 물질에 대한 존중을 나타낸다(〈그림 8〉 참조). 그리고 그가 지은 건물들은 위나 아래로 자연을 끌어당기고 있는데, 피르미니베르Firminy-Vert 주거 건물은 기둥 위에 세워져 뒤로 지평선이 보이고(〈그림 9〉 참조), 작은 숲속에 세워진 롱샹Ronchamp 성당은 위쪽으로 날개 모양의 천장이 있어 자연에 개입하고 있는 듯 보인다(〈그림 10〉 참조). 이 건물들은 "풍경을 장식하고 또 풍경에 의해 장식된다"(Simondon, 2014: 381).

시몽동은 이러한 건축 방식을 "현시顯示 기술phanérotechnique"이라고 명명한다. 이 건물들은 무엇을 보여주는가? 두 가지를 보여주는데, 한편으로는 기술체의 내적 구조와 작동을 보여주고, 다른 한편으로는 그것이 바깥의 배경과 맺고 있는 연관을 보여준다. 이렇게 양자를 동시에 보여주는 것은 우연이 아닌데, 왜냐하면 이런 건물들에서는 "예술과 자연이 간섭"하기 때문이다. 건물은 풍경과 구별되는 하나의 대상으로서 정립되지 않으며, 액자 안으로 들어가 분명한 형태를 드러내는 것으로 만족하지 않는다.

〈그림 8〉 르코르뷔지에, 생트 마리 드 라 투레트 Sainte Marie de la Tourette 수도원, 아르브레슬에 위치

〈그림 9〉 르코르뷔지에, 피르미니베르 주거 건물

〈그림 10〉 르코르뷔지에, 롱샹 성당

〈그림 11〉 에펠, 트뤼예르강 위의 가라비 고가교

현시 기술은 대상의 형태보다 더 많은 것을 드러내는데, 그것은 질료일 수도, 풍경일 수도, 또는 둘 다일 수도 있다. 이처럼 형태는 배경과 소통하고 그 사이에서 요소들은 순환한다. 여기에서 앞서 언급한 시몽동의 모양/바탕 도식을 다시 떠올릴 필요가 있다. 현시 기술은 모양이 내부 구성을 드러냄으로써 바탕을 끌어당기고 그것 안에 속하려는 경향을 표현한다.

또 다른 탁월한 예로서 시몽동은 에펠의 유명한 두 작품, 파리의 에펠탑과 트뤼예르Truyère강 위의 가라비 고가교Viaduc de Garabit를 제시한다(〈그림 11〉 참조). 오늘날 에펠탑의 미적 의미는 의심할 여지가 없지만 기억해야 할 것은 그것의 역사적 변용이다. 에펠탑은 원래 기술적 대상이었는데, 처음에는 망루로 건설되었다가 곧 프랑스 최고의 방송 송출탑이 되었기 때문이다.

시몽동이 가라비 고가교를 대표적인 기술미학적 작품으로 평가하는 이유들은 의미심장하다. 첫 번째로 그것은 아치형을 뒤집어놓은 형태 때문에, 그리고 받침대가 되는 바위들 위로 강하게 맞물려 있기 때문에 놀라움을 준다. 두 번째로 "그것은 자연을 가로지르고 자연이 그것을 가로지르기" 때문에 놀라움을 준다(Simondon, 2014: 382). 세 번째 이유가 특히 중요한데, 그것의 건설 과정 자체가 놀라움을 준다는 것이다. 먼저 다리의 절반 두 개를 각각 맞은편 언덕에 고정시키고, 케이블로 90도 끌어당겨 마주보게 한 다음 접합했는데, "그날 만약 바람이 있었다면 끔찍한 재난이 되었을 것이다."(Simondon, 2014: 382) 시몽동은 건설 과정의 대담함과 예측력, 자연의 행운, 결과물의 견고함 등이 종합되는 가운데 특별한 감정을 느낀다. 이처럼 기술미학은 기술적 대상을 고립된 결과물로서 관조하는 데 있는 것이 아니라 그것이 조립되고 작동하는 과정 자체가 보여주는 탁월함을 이해하고 상상하고 느끼는 데 있다.

2) 사용의 쾌감

위의 예시들은 기술적 개체라기보다는 앙상블에 속한다. 시몽동이 이러한 예시들로 글을 시작한 것은 아마 한편으로는 교육적인 목적 때문일 것이며, 다른 한편으로는 이것들에서 기술과 자연 사이의 소통이 더 명백히 드러나기 때문일 것이다. 이 예시들은 기술미학이라는 영역의 존재를 직관적이고 경험적으로 호소하는 "범주 간 가치론"이다(Simondon, 2014: 382). 이후 시몽동은 좀 더 구체적인 기술적 대상, 즉 도구의 사용과 관련된 분석에 집중하는데, 이런 분석에서 그는 자신의 경험에 입각해 사용, 작용, 행동에서 오는 만족감과 놀라움을 표현한다. 좋은 도구라면 감각적인 즐거움을 주기 마련이라는 것이다.

예를 들어 파콤Facom사의 큰 가위(〈그림 12〉 참조)는 푸조Peugeot사의 펜치(〈그림 13〉 참조)와 비교하면 훨씬 더 자유로운 느낌으로 사용할 수 있으므로 "반짝이고", "감각-운동의 즐거움plaisir sensori-moteur"(Simondon, 2014: 383)을 사용자에게 제공한다. 스패너, 망치, 대패 같은 도구를 시몽동이 감탄하면서 구체적으로 묘사하는 대목들을 볼 때 기술미학이 성립하는 근거는 크게 두 가지이다. 하나는 도구에 요구되는 기능과 조건을

〈그림12〉 파콤사의 큰 가위　　〈그림 13〉 푸조사의 펜치

탁월하게 갖추고 있을 때이다. 이는 쉽지 않은 일인데, 왜냐하면 휴대성, 크기와 무게, 기능의 다양성, 그립감, 안정성, 견고함, 가격 등의 조건이 서로 갈등을 일으키기 때문이다. 이러한 대립들 사이에서 균형점을 발견하거나, 더 나아가 그 문제를 해결하는 도약적인 발명일 경우 그 도구는 감탄의 대상이 된다.

다른 하나는 그것을 사용하는 동적인 활동에서 비롯된다. 시몽동은 도구를 사용할 때 느끼는 쾌감을 거의 황홀경에 가깝게 묘사한다. 이 대목의 어조는 성적인 함의를 포함한 '기계 애호증 mecanophilia'[10]의 리비도를 보여준다. "기술미학의 중심 범주는 관조가 아니다. 그것[도구]이 오르가슴을 느끼게 하고, 접촉 수단이자 자극하는 모터가 되는 것은 다름 아닌 사용, 행동에 있다. 꽉 끼던 너트가 풀릴 때 사람들은 운동의 즐거움, 어떤 도구화된 기쁨, 도구에 의해 매개된 사물과의 소통을 느낀다." (Simondon, 2014: 383) 요구들의 충족과 사용의 즐거움, 이 두 가지는 모두 인간이 도구와 세계의 접면에서 갖는 감각과 지식을 바탕으로 한다. 여기에서 기술미학의 본질을 정의할 수 있다. 그것은 도구와 기술의 "역동적 상태에서 주어지는 감각의 매우 특별한 만족"에서 성립한다(Simondon, 2014: 383).

---

**10** 기계 사용에서 생리심리학적 기쁨과 흥분을 느끼는 것을 의미하며, 더 나아가 기계와 유사 성적 관계를 맺는 것까지도 포함한다.

### 3) 기계적 지각

다음으로 기술을 통한 지각의 확장에 대해 살펴보자. 시몽동은 전기를 '듣는' 행위를 예시로 제시한다. 번개는 천둥소리와 함께 단숨에 치는 것처럼 보이지만, 사실은 그에 앞서 전자들이 구름과 지면 사이에서 장애물이 가장 적은 길들을 만들어가는 이온화 과정을 거친다(〈그림 14〉 참조). 이때 방전되는 전하는 미세하지만 엄연히 존재하는 소리들을 발생시킨다. 작은 소리들이 점점 모여 커지면서 최종적으로 천둥소리로 종합되는데, 이 점증적인 "멜로디"는 그냥은 듣기 어렵고 안테나를 통해서 들을 수 있다. "전기는 대상은 아니지만, 적합한 도구에 의해 매개될 때 아이스테시스aisthesis의 원천이 되고, 이렇게 해서 감각기관에 도달한다."(Simondon, 2014: 388) 더 나아가 검류계나 오실로스코프는 전기 파형의 변화를 보는 장치이지만 원래 기능에서 벗어나 일련의 멜로디를 들을 수도 있게 해준다.

기계의 변칙적 사용이 아니라 지식과 상상을 통해 기술적 작동을 포착할 수도 있다. 이는 세계를 더욱 풍요롭게 한다. 빌봉Villebon 지역은 시몽동이 이 장에서 가장 많은 부분을 할애할 만큼 특별한 가치를 지닌 곳이다. 이 고원 지역에는 높은 송출 안테나들이 밀집해 있다(〈그림 15〉 참조). 시몽동은 이곳의 풍경에서 "금속의 숲", "깃발이 나부끼는 범선의 의장"을 떠올린다. "이 선들, 이 철탑들은 공간 속으로 [신호를] 전파시키고, 하

〈그림 14〉 이온화로 인한 번개와 천둥

〈그림 15〉 빛봉 지역의 안테나들

나하나의 나뭇잎, 풀잎은 수백 킬로미터 떨어진 곳에서 이 전파의 아주 작은 부분을 받아들인다."(Simondon, 2014: 390) 시몽동은 단지 안테나만이 아니라 안테나에서 나온 전파들이 하늘을 가득 채우고 있는 광경을 본다. 그는 명사로 '안테나'를 뜻하는 aerial이 '공중의'라는 형용사로 쓰이기도 한다는 사실을 상기시킨다.

이렇게 해서 시몽동은 일종의 '기계의 서정시'에 도달한다. "안테나는 어떤 하늘의 공간의 부분을 이루고, 이 공간을 놓고 종종 비행기와 겨룬다." 마치 플라톤에게 오감과 달리 이데아를 포착할 수 있는 지성적 능력이 따로 있는 것처럼 시몽동에게는 기술적 작동을 포착할 수 있는 인식 능력이 따로 있어 계발되어야 할 것처럼 보인다. 그것은 움직이지 않는 안테나가 공중 가득 전파를 채우는 것을 보는 능력이며, "물질이 아니라 에너지의 세계의 존재"(Simondon, 2014: 391)를 증언하는 시선이다.

### 4) 탁월함의 다양성

「기술미학에 대한 견해」의 본문에서 시몽동은 "아름답다 beau"는 말을 단 한 차례도 사용하지 않는다. 그 대신 그는 "특별한 감각" 같은 말을 사용한다. 이런 점에서 그의 사유에서 아이스테시스는 미美가 아니라 감각을 향해 있다. 기술과 관련하여 체험되는 감각은 예술적인 아름다움의 범위를 벗어난 것으로 보다 광범위한 감각적 체험을 가리킨다는 점을 그가 의식하고 있음을 알 수 있다.

그런 그가 예외적으로 "아름답다"는 말을 사용하는 곳이 있는데, "보론"에서이다.[11] 여기에서 시몽동은 아름다움이 탁월성aretē의 현시라고 언급하며, 아름다움, 탁월성, 목적성 실현entelecheia을 거의 동의어처럼 쓴다. 여기에서 그는 거의 그대인처럼 괄한다. 달[馬]의 탁월성은 뛰는 데 있고, 어떤 말이 훌륭하게 잘 뛸 때 우리는 그 말이 아름답다고 말한다. 그렇다면 칸트보다는 플라톤과 아리스토텔레스가 기술에 대해 더 깊게 생각했던 만큼 '아름다움'을 생각할 때 시몽동은 근대를 넘어 고대에 가까워진다고 말해야 할까? 다소 그렇게 보이기도 한다. 그렇지만 그의 관심은 아름다움과 탁월성을 동일시할 때 수반되는 어떤 오르를 교정하는 데 있었다. 말이라는 종種의 규정은 너무 넓다. 어떤 말들, 이를테면 "페르슈산의 말들"은 느리지만 튼튼한 가슴을 가지고 있어 경주보다는 경작에 더 적합하다. 그러므로 페르슈산 말은 쟁기를 끌며 밭을 깊게 갈 때 아름답다고 느껴진다

이처럼 시몽동은 고대의 목적론적 사유에 동물행동학의 다원주의적 탐구를 결합하고자 한다. 인간의 기술적 발명과 자연

---

[11] 책으로 묶여 출간된 판본에는 저자가 손으로 쓴 메모가 "보론" 네 개로 추가되어 있다.

의 기술적 행동에는 물론 모두 어떤 목적이 존재한다. 그러나 목적론적 사고가 흔히 저지르는 오류는 각각의 운동의 최종 목적이 존재하며, 또한 그 모든 목적을 포괄하는 궁극 목적이 있다는 가정이다. 그러나 시몽동이 보기에 자연 속 기술에는 해독되어야 할 여러 겹의 동기가 있으며, 따라서 우리가 말할 수 있는 것은 "최종 항 없는 목적성"뿐이다(Simondon, 2014: 393). 그리고 자연에는 궁극 목적이 존재하지 않는다. 목적은 다층적이며 분산적이다. 여기에서 그가 강조하고자 하는 것은 아름다움의 원천의 '다양성'에 관한 것이다. 아름다움이 기술적 동작과 행위에서 온다고 할 때 자연의 목적들은 잘 알려지지 않은 만큼 다양하다. 그리고 우리는 그 목적들을 알면 알수록 아름다움을 더 크게 느낄 것이다.

5) 시공간 지각의 변형

시몽동의 기술미학은 공간과 시간상에서 일종의 투시력을 갖는 것과 같다. 먼저 공간상의 투시력이란 사물들에서 정지가 아니라 운동을 보는 것을 의미한다. 예를 들어 퐁피두센터는 일종의 기계이다(〈그림 16〉 참조). 관람객이 안으로 들어가고 또 안에서 지나다니는 모습을 밖에서 볼 수 있다. 관람객들은 마치 생산 기계에 투입되는 재료처럼 다루어진다. 일반적인 박물관이 정지된 작품을 관람하기 위해 구획된 건축물이라면 퐁피두

〈그림 16〉 퐁피두센터의 입구 쪽 전경

센터는 관람객의 이동 자체가 가시화된 기계와 같다. 그 밖에도 알렉산더 콜더Alexander Calder의 모빌에서 느껴지는 운동 같은 예시가 있다. 인상적인 예시는 수영하는 사람의 머리카락의 움직임에서 아름다움을 느낀다고 말하는 대목이다. 수영하는 동안 머리카락은 빠른 속도로 흐르고, 수영을 멈췄을 때 머리카락은 물의 표면에서 꽃다발처럼 천천히 퍼져나간다. "이것은 통일체로 합쳐지는 운동과 정지의 변증법에 의해 아름다움이 되는 상징이다."(Simondon, 2014: 394) 이런 대목들은 아마도 인체

뿐만 아니라 신체 기관, 기계, 사물의 무용술chorégraphie이 가능한 근거가 될 것이다.

다음으로 시간상의 투시란 운동 속에 들어 있는 요소를 주시하는 것을 말한다. 시몽동은 TV에서 말이 강을 뛰어가는 장면을 느리게 재생하는 화면을 본 경험을 분석한다. 포물선을 그리며 튀는 물방울 하나하나가 눈에 들어오면서 정상적인 지각으로는 묻혀서 보이지 않았을 낱개의 궤적들이 아주 느린 속도로 움직이는 독특한 감각을 느낀다. "이처럼 아이스테시스는 연장된 지각 또는 장기 지속의 방식에서 형성될 수 있다. 그리고 예술은 무엇보다 아이스테시스, 즉 연장되고 전개되고 회절이 일어난 초보적인 감성을 파고 들어가는 데 기여한다."(Simondon, 2014: 395) 일상적인 지각이 순간들을 포착하며 빠르게 지나가는 것이라면 심미적인 지각은 하나의 요소를 오랫동안 주시하는 행위에서 성립한다. 일반적으로 예술은 이러한 시선, 즉 관조를 필요로 한다고 말해진다. 시몽동 역시 예술의 성립 조건을 지각에서 발견하는데, 다만 자신의 지각 연구에 입각해 그 이유를 설명하고자 한다. 시몽동의 개체-환경 관계 분석에 의하면 하나의 지각을 오래 붙들고 있는 행위는 적응 과정 중 하나의 국면이며, 독특한 의미를 생산하는 것으로 진화한다.

그런데 이것은 위에서 말한 것과 모순되지 않는가? 위에서는 정지가 아니라 운동을 볼 것을 요구하면서 여기에서는 오히려 운동을 정지로 분해해서 볼 것을 요구하고 있지 않은가? 그러나 정확히 말하면 여기에서 요구하는 것은 어떤 정지된 형태가 아니라 운동의 요소를 오랫동안 보는 것이다. 이런 점에서 그의 분석은 장 엡스탱Jean Epstein의 영화미학을 떠올리게 한다. 〈어셔가의 몰락〉(1928)과 관련하여 그는 영상의 감속만으로도 일상적인 지각에서 느낄 수 없는 독특한 감정들, 특히 공포의 감정을 전달할 수 있다는 사실을 강조했다.

나아가 이것이 고대 미학에서부터 내려오는 관조와 어떻게 다른지 보다 분명히 밝힐 필요가 있다. 이를 위해 잠시 다른 길로 우회해보자. 들뢰즈는 고대, 근대, 현대 사유와 예술에서 운동을 대하는 태도가 어떻게 다른지를 명료하게 구분한 바 있다. 고대에는 탁월한 형상을, 근대에는 균일한 운동을 포착하는 것을 목표로 했다면 현대에는 운동 속에 있는 특이점들을 포착하고자 한다. 즉 최대/최소, 변곡점, 무한소/무한대, 수렴/발산의 지점들을 통해 운동 속에 있는 존재자들의 성격을 이해하는 것이다. 이런 점에서 영화는 바로 현대성의 예술이다(Deleuze, 1983: 12-17). 시몽동이 TV 이미지를 분석하는 것도 이러한 관점에서 이해해야 한다. 그것은 고대 기학에서 말하는 것 같은 운동에서 벗어난 영원한 형상에 대한 관조가 아니라 운동 내에 있는 특별한 순간에 대한 응시를 의미한다.

## 3. 칸트 미학과의 대조

시몽동 미학의 특징을 밝히기 위해서는 칸트와 대조해보는 것이 유용할 것이다. 칸트는 미학 자체를 정립했다. 칸트 미학은 오늘날까지 주요한 참조점으로 작용하며, 시몽동의 문헌 안에서도 암시적이긴 하지만 칸트에 대한 비판이 여러 곳에서 나타난다. 시몽동의 기술미학은 칸트의 미학과 거의 모든 면에서 대립한다. 칸트가 규정한 아름다움의 네 가지 계기는 (1) 관심 없는 만족, (2) 개념 없는 보편성, (3) 목적 없는 합목적성, (4) 전달 가능성에 근거한 필연성이다. 시몽동이 기술적 경험과 관련하여 주목한 '독특한 감각'의 특징은 (1) 사용과 결부된 만족, (2) 도식에서 오는 보편성, (3) 잠정적인 목적성 같은 것들인데, 이것들은 칸트의 앞의 세 가지 계기와 대비된다.[12]

시몽동과 칸트 사이에서 '에스테티크'는 거의 동음이의어에 가깝다. 앞서 말했듯이 이 단어는 한편으로는 감각적인 것을, 다른 한편으로는 미적인 것을 의미한다. 시몽동과 칸트는 각각 한쪽 의미만을 배타적으로 취하는 것처럼 보인다. 칸트의 『판단력비판』은 아름다움이라는 느낌의 독특성에 초점을 맞춘 채 전개되지만 시몽동의 기술미학 텍스트에서 '아름다움'을 의미

---

[12] 네 번째 계기와 관련해서는 대조보다는 비교가 필요해 보이는데, 이는 긴 논의를 필요로 하므로 다른 기회에 다루도록 하자.

하는 단어는 거의 등장하지 않는다. 대부분의 경우 시몽동은 '특별한 감각'이라고 말하는데, 이는 물질의 독특성, 기술의 혁신, 작동의 정교함과 관련된다. 드물게 그가 '아름다움'에 대해 말할 때 그것은 칸트와는 정반대로 목적성과 관련된다. 칸트는 아름다움이 형식에 있다고 주장하지만 시몽동은 물질을 감각적 체험에 필수적인 것으로 간주한다. 칸트가 부수적 아름다움이라고 부를 만한 것들에 대해 시몽동은 그것들이 근원적으로 감각적인 힘을 갖는다고 주장한다.

### 1) 목적성의 성격

칸트와 시몽동의 미학을 대조할 때 가장 큰 차이점은 아마 목적성의 유무와 그 성격일 것이다. 칸트는 아름다움의 종류를 다음과 같이 구분한다. "전자[자유로운 아름다움]는 대상이 무엇이어야 하는가에 대한 개념을 전제하지 않으며, 후자[부수적인 아름다움]는 그러한 개념과 그 개념에 따르는 완전성을 전제한다."(칸트, 2009: 227) 전자는 독자적이고 순수한 미美이며, 후자는 조건적이고 특수한 미이다. 전자의 예는 꽃이며 후자의 예는 건축물이다. 꽃이나 새는 목적 개념을 전제하지 않으나, 말[馬]이나 성당은 그것을 전제한다.[13]

---

[13] 칸트의 예시에 따르면 새와 달리 말에는 목적 개념이 부여될 수 있는데,

시몽동은 칸트로부터 전해져오는 이러한 구분과 위계를 역전시킨다. 칸트와 달리 시몽동은 목적 개념하에서 아름다움이 발생한다고 본다. 하지만 오해를 막기 위해서 목적성이 무엇인지 정확하게 말할 필요가 있다. 칸트의 경우 그것은 한 사물이 '무엇이어야 하는지'를 의미한다. 반면 시몽동에게 목적이란 문제 해결의 잠정적인 한 위상이며, 하나의 목적이 존재하는 게 아니라 여러 단계의 일련의 목적들이 있다.

칸트의 비판적 구획에 따르면 오직 '규제적 원리'로서만 생명체에 목적성을 상정할 수 있다. 자연의 생명체에 어떤 통일성과 목적성이 있다고 상정하는 것이 우리의 인식과 과학의 확장에 도움이 되기 때문이다. 그러나 실제로 생명체를 형성하는 통일적 목적성이 '구성적 원리'로서 존재한다고 간주하는 것은 초험적인 월권의 사용이 된다. 반면 시몽동에게서는, 칸트의 용어를 빌리자면, 생명체에도 기술체처럼 목적성이 규제적 원리로서 그리고 동시에 구성적 원리로서 작동한다. 문제의 발견과 해결의 반복이라는 연속적인 운동 안에서 여러 단계의 목적들이 나타난다는 점에서 그러하다. 칸트에게서 생명체의 목적성이 오직 인식론적 가치만을 갖는다면 시몽동에게서는 인식론 및 존재론적 가치를 동시에 갖는다.

칸트는 심미적 판단력의 독자성이 확립될 수 있는 길을 인식

---

이 차이는 인간의 공동체에 관여되어 있는 정도에 달린 것으로 보인다.

능력들 사이에서 발견한다. 아름다움의 근거는 감성 위에 세워질 수도 없고(만약 그렇다면 그것은 '푸른 초원'에서 느껴지는 것처럼 '쾌적함'이 될 것이다), 지성이나 이성 위에 세워질 수도 없다(만약 그렇다면 그것은 '저 희생은 숭고하다'에서 느껴지는 것처럼 도덕적인 고귀함과 뒤섞여버릴 것이다). 칸트는 절묘한 길을 찾아냈는데, 그것은 상상력과 지성의 사이에, 즉 감각 자료의 통일치에서 어떤 개념으로 나아가는 과정 자체가 산출하는 즐거움 위에 있다. 여기에서 칸트 미학에서 "마치 …처럼als ob"이 갖는 중요성 전체가 도출된다. '저 장미꽃의 꽃잎들은 마치 어떤 통일성을 향해 있는 것처럼 모여 있다.' 이것은 단순히 우연적인 느낌이나 개인적인 착시가 아니다. 이것은 주체가 내부적으로 갖는 실재성의 또 하나의 층위, 즉 심미적 실재성이다.

반면 시몽동은 이러한 목적성이 대상과 주체의 만남에서 작동하기에 실재적이라고 본다. 그런데 이러한 목적성은 보편적인 것이 아니라 분산적이다. 앞서 말의 탁월성의 경우에서 보았듯이 목적성은 추상적으로 종의 단위에 주어지는 것이 아니며, 구체적으로 생명체의 구조와 기술체의 작동과 관련해 파악될 수 있다.

칸트와 시몽동의 관계는 장미꽃을 들여다보고 있는 산책자와 식물학자의 관계와 같다. 두 사람은 장미꽃을 보고 동시에 아름다움을 느끼지만 그 이유는 다르다. 칸트에 따르면 산책자가 아름다움을 느끼는 이유는 장미꽃의 형태가 우연한 탄생 속에서 어떤 목적성을 향해 '있는 듯' 느껴지기 때문이다. 여기에서 한 생명체의 목적은 지성의 범위에서 벗어나 있으며 단지 어떤 통일성으로 예감될 뿐이다. 그런 점에서 산책자의 느낌은 식물학자보다 순수한 것이다. 반면 시몽동 쪽에서 보자면 (진화)식물학자는 장미꽃의 형태가 생존과 번식을 위해 탁월하게 기능하고 있다는 점에서 놀라움과 아름다움을 느낀다. 누군가는 칸트 역시 이러한 데서 '부수적인' 아름다움을 느낀다는 것을 부정하지 않는다고 반론을 제기할 수도 있다. 그러나 시몽동은 칸트 옆에 기술미학을 부수적인 것으로서 덧붙이려는 것이 아니다. 그는 이러한 기술미학이 보다 근원적이라고 본다. 인간과 세계의 접촉면에서 동시에 그리고 일차적으로 발생하는 것은 작동과 감각이기 때문이다.

칸트는 지성과 상상력, 인식적 판단력과 심미적 판단력을 엄격하게 구별한다. 반면 시몽동의 경우 지성과 감성이 각각 어디에서 시작되고 어디에서 끝나는지 말하기 어렵다. 아름다움의 느낌은 감성과 지성의 연속적이고 식별 불가능한 사다리를 오가면서 발생한다. 대상을 더 많이 감각하고 또한 그것의 목적을 더 잘 알수록 우리는 그것이 더 아름답다고 느낀다.

2) 총체성의 회복

시몽동의 미학은 물질의 독특성과 도식의 작동성에 기반한 사용자의 미학 또는 창작자의 미학이다. 그가 감상이 아니라 이용을, 관조가 아니라 활동을 중심 범주로 설정할 때 그의 이론은 자연스럽게 감상자가 아닌 사용자의 미학이 된다. "화가인 예술가는 둘감을 팔레트에서 혼합하면서 혹은 캔버스 위에 바르면서 그림의 점성을 느낀다."(Simondon, 2014: 384) 시몽동은 우리에게 완성된 작품을 멀리서 보게 하지 않고 그 작품을 창작하는 과정에 이입하게 한다. 이때 벌어지는 사건이 중요한 이유는 예술가가 도구를 통해 세계와의 접촉을 회복하기 때문이다. 화가는 붓이 캔버스를 밀고 나갈 때 미끈거리는 질감을 느끼고, 피아노 연주자는 건반을 누르는 촉감과 타격감을 느끼면서 일련의 음들을 진동시켜 만들어낸다. "미학은 단지 그리고 일차적으로도 예술 작품의 '소비자'의 감각이 아니다. 그것은 또한 오히려 보다 더 근원적으로는 예술가 본인의 많고 적은 풍부한 감각 다발이다."(Simondon, 2014: 384)

칸트와 시몽동 사이의 이 모든 거리를 발생시키는 원동력은 무엇일까? 그것을 시대적 배경 속에서 찾자면 아마도 두 철학자가 인간과 세계의 관계를 정반대로 이끌어갔기 때문일 것이다. 칸트가 스스로 설정한 과제는 기계론적인 자연법칙 속으로 용해되지 않도록 모든 노력을 다해서 인간을 구해내는 것이었다. 칸트에게서 순수한 아름다움은 대상이 아니라 고유한 주체 내부에서 발견된다. 그것은 대상의 특성이 아니며, 인간의 인식 능력들 사이의 유희에서 형성된다. 인간은 심미적 주체로서 다시 한번 자연적 대상과 구별되는 지점에서 긍정된다.

반면 시몽동의 미감은 회복에서 발생한다. 앞서 말한 것처럼 미학적 사유는 마술적 통일성을 그리워한다. 그렇기에 시몽동의 기술미학에서 접촉의 테마가 그토록 중요한 것이다. 그의 미학은 연주자의 손이 피아노의 건반을 두드리는 곳에서, 건물의 구조와 자연의 배경이 공존하는 곳에서 시작된다. 망치가 모루를 때릴 때 대장장이는 독특한 희열을 느끼고, 붓이 캔버스에 접촉할 때 화가는 모종의 쾌감을 느낀다. 그것은 세계와의 접촉을 회복하는 구체적인 행동이 되며, 총체성을 복원하려는 노력의 상징이 된다. 이는 시몽동이 현상학의 영향하에서 인간과 세계의 거리를 다시 좁히고 양자를 매개하는 과제를 중시했기 때문일 것이다.

### 4. 현대 미학의 요청

역사적으로 볼 때 시몽동의 개체화 이론이 고대의 아페이론apeiron 관념과 현대의 열역학 이론을 결합하면서 태어났듯이 그의 기술미학은 근대 초까지의 기예art 개념과 현대의 금속공학, 통신 기술을 접합하면서 전개된다. 그의 미학은 칸트 시기에 중단된 어떤 흐름을 현대의 기술 환경 안에서 재개하는 듯 보인다.

주지하다시피 서양에서 예술과 기술이 명시적으로 분리된 것은 18세기 중반에 와서이다. 고대·중세 세계에서 기능과 무관한 아름다움이라는 관념은 매우 희박했다. 17세기까지도 주도적인 구분법은 교양 예술 대對 기계적 예술이었다. 전자는 시, 수사학, 음악, 기하학, 천문학을 포함한 반면 후자에는 회화, 조각뿐만 아니라 의복, 금속 세공, 농업도 포함되었다. 이후 한 세기 정도에 걸쳐 기술과 예술 사이에 점진적인 분리 과정이 일어나고, 명시적으로는 18세기 중반에 이 분리가 완료된다.[14]

'가르침과 즐거움'이라는 고대 호라티우스의 말은 르네상스 시대 이래로 널리 쓰인 경구였지만 18세기에 양자를 엄격하게 구분하면서 '아름다운 예술beaux-arts' 또는 '순수예술fine arts'이라는 영역이 태어났다. 구분의 기준에 대해서는 많은 논의가 있었지만 다음 두 가지로 초점이 좁혀졌다. 작품 생산의 차원에서는 천재성과 규칙이, 작품 수용의 차원에서는 즐거움과 유용성이 대립했다. 즉 순수예술이기 위해서는 기존 규칙을 뛰어넘어 창작하는 천재가 있어야 하며, 또한 유용성과 무관하게 즐거움을 느끼는 방식으로 감상할 수 있어야 한다는 것이다(샤이너,

---

**14** 이를 최초로 확인할 수 있는 곳은 디드로와 달랑베르의 『백과전서』(1751)에 수록된 지식의 도표이다. 여기에서 인간의 능력은 기억(역사), 이성(과학), 상상력(시)으로 구획되고, 우리가 오늘날 순수예술이라고 부르는 것은 상상력 아래에 놓인다.

2015: 3장과 5장). 우리는 당대의 논의가 칸트에게서 최고의 수준으로 종합되는 것을 볼 수 있다.

이러한 분리가 왜 일어났는가에 대한 대답은 지성사, 사회사, 경제사적인 관점에서 다차원적으로 주어져야겠지만, 우리는 여기에서 철학사적인 관점에 따라 한 가지 답변을 생각해볼 수 있다. 17세기에 자연과학의 성과에 힘입어 고대 자연학이 맹렬히 공격받는 일이 벌어졌고, 더불어 이러한 의심과 비판은 문학 영역에까지 퍼졌다. 이것은 유명한 신구논쟁을 일으켰다. 호메로스가 새로운 작가들보다 진정 위대한가? 만약 그렇다면 왜 그런가? 당시에 합의된 답변은 법칙의 발견은 진전하지만 영감의 도래는 그렇지 않다는 것이었다. 칸트가 천재란 규칙을 뛰어넘는 존재라고 말하고, 구성은 그럴듯하나 정신이 결여된 작품들을 범속하다고 비판한 것은 그러한 답변의 한 사례라고 볼 수 있다. 그리고 그가 호메로스가 진정한 천재이며, 뉴턴은 그에 미치지 못한다고 말한 것도 이러한 맥락 안에서 이해할 수 있다.

우리는 여기에서 철학사의 오래된 문제를 다시 만나게 된다. 신체와 정신, 물질과 영혼의 이원론적 분리 이후에 예술과 미학이 후자 안으로 말려들어가면서 형성되었다는 점을 알 수 있기 때문이다. 자연과학의 무한한 교정과 발전 가능성으로부터 거리를 둔 채 인간이 자기 자신에게 부여한 과제는 자기 내부에서 초월론적 자율성을 확립하는 것이었다. 여기에서 심미적 자율성은 그것의 한 차원일 뿐이며, 목적성은 그러한 자율성을 안내할 개념으로 상정된다.

반면 시몽동은 미학을 다시 정신 밖으로 꺼내 인간과 세계가 쌍방향으로 고차하는 지대에 놓고자 한다. 천재성과 규칙, 유용성과 즐거움의 대립은 더 이상 유효하지 않으며, 시행착오, 계산, 수정, 실험, 발견, 발명 등으로 이어지는 연속적인 행위 안에서 양자는 서로 수렴한다. 시몽동의 내재론적 개체화 이론에서 목적성과 자율성은 상정되지 않고 발명된다. 일련의 개체화 속에서 물리적 개체, 생명적 개체, 정신적 개체가 발생하며, 자율성과 목적성은 일련의 기술적 조정을 통해 잠정적으로 발명된다. 기술미학은 물질의 감각에서부터 목적에 따른 탁월성까지 다양한 수준에서 경험된다. 기술과 과학처럼 종교와 윤리도 시대에 따라 새로운 문제와 해결의 흐름을 타고 진전한다. 그의 개체화 이론은 이에 대한 형이상학적 이론이며, 그의 기술미학은 오늘날 압도적인 힘을 행사하는 기술이 자기 자신을 넘어 정신성과 목적성 안으로 스며들고 총체적인 것 안에서 매개되고자 하는 회복의 느낌을 담고 있다.

## 보론: technologie의 의미에 대하여

『기술적 대상』의 한국어판 번역은 전체적으로 훌륭하지만 한 가지 언급할 사항이 있다. technique를 '기술', technologie를 '기술 공학'이라고 번역했는데, 이는 다소간 오해를 낳을 수 있는 것 같다. 우선 프랑스어 technique/technologie는 영어 technic/technology에 대응하지 않는다는 점을 유념할 필요가 있다. technique는 실천적 기술과 이론화된 기술 모두를 포괄하는 것이어서 영어 technic과 technology를 다 포함한다. 반면 technologie는 기술에 관한 논의logos를 의미한다. 다만 영어의 영향으로 근래 그 경계가 모호해지는 경향이 있긴 하다.

시몽동이 technologie를 어떤 의미로 사용했는지 파악하는 것이 중요한데, 내가 보기에는 (1) 개별 기술들에서 발견되는 공통적인 도식을 추상화해낸 '보편 기술학'이라는 뜻을 갖는다. "예컨대 이완 도식은 기술 장치에 적용되건, 간헐천의 작동에 적용되건, 파킨슨병의 떨림 현상에 적용되건 항상 자기 동일적이다."(시몽동, 2011: 313) 더 나아가 (2) '기술 자체에 관한 인문학적, 사회과학적 논의' 또한 포함하는 것으로 보인다. 역사적인 관점에서 시몽동은 technique에서 technologie로 넘어가는 결정적인 기준을 목적성을 창조하는지의 여부에 두고 있기 때문이다. "인간은 technique를 통해서 사회적 구속으로부터 해방되었다. [반면] 정보의 technologie를 통해서 인간은 예전에 자신을 가두었던 연대성의 조직화를 창조하는 자가 된다."(시몽동, 2011: 153) 인류는 주어진 목적을 단지 수용하고 그것의 최종적인 정당화를 위해 기술을 사용하는 차원을 넘어, 이제 사회와 연대의 목적 자체를 창조할 수 있는 수준에 이르렀는데, 그것은 technologie에 의해 가능하다는 것이다.

따라서 technologie는 기술들의 보편적 도식을 발견하는 것이자, 그로부터 기술이 어떻게 사회적인 수준에서 창조적으로 사용될 수 있는지에 대한 논의를 포함하는 것이어야 한다. 만약 그렇지 않고 technologie가 단지 기술 공학을 의미한다면, "철학은 technologie를 정초해야 한다"(시몽동, 2011: 233)는 말을 쉽게 이해할 수 없다. 이런 이유에서 technologie는 '기술학'으로 옮기는 것이 좀 더 적절해 보인다. 그리고 이러한 이중적인 과제의 단초가 된 학문이 사이버네틱스이다. 시몽동은 몇 가지 유보와 비판을 붙이기는 했지만, 사이버네틱스가 현대적인 기술학의 시초가 될 수 있다고 평가한다. 이처럼 도식의 발견과 사용법의 창조가 연결되어 있다는 점이 시몽동 철학의 중요한 논점이 된다. "기술들의 복수성을 포함하는 내용의 모든 사유, 또는 적어도 기술들의 열린 복수성에 적용되는 모든 사유는 바로 그렇기 때문에 기술적 영역을 넘어간다."(시몽동, 2011: 313)

# 5장 점으로 부서지는 세계: 플루서의 매체 이론

오늘날 우리가 겪는 급격한 변화 중 하나는 미디어의 이동이다. 그 요체는 문자에서 그림으로, 텍스트에서 이미지로, 문장의 작성과 독해에서 프로그램의 제작과 사용으로의 이동이다. 그 한복판에서 디지털 기술이 변화를 추동하고 있다. 이러한 전환은 단순히 개인적인 선택과 취향의 문제로 한정되거나, 동일한 내용을 표현할 수 있는 매체의 수가 늘어난다는 의미로 환원되는 것이 아니다. 우리는 이를 통해 상이한 매체들이 조화롭게 공존하고 사용자들에게 더 큰 편익을 제공할 거라고 막연하게 기대할 수 없다. 왜냐하면 매체의 형식은 우리의 지각, 사유, 소통 자체를 변화시키며, 우리가 세계 안에 놓여 있는 양상과 관계 자체를 규정하기 때문이다. 더 나아가 매체는 인간이 자기 자신을 구성하는 과정 자체에 개입한다.

간단한 예를 하나 떠올려보자. 대학에서 한 인문학 교수가 강의 내용을 칠판에 쓰자 몇몇 학생이 공책에 필기하는 대신 스마트폰 카메라로 칠판에 적힌 글씨를 찍으려고 한다. 교수는 불쾌한 마음으로 저지하지만 학생들은 그 이유를 알지 못해 불편해한다. 그런데 이 불화는 선생이나 학생이 생각하듯이 단순히 예의나 편의의 문제에서 비롯되는 것이 아니다. 오늘날 강의실에서 쉽게 볼 수 있는 이런 장면은 인류가 정보를 기록하고 저장하고 전달하는 기본 방식에 단절적인 변화가 도래했음을 보여준다. 칠판에 기록하는 사람은 문자로 단어와 문장을 하나하나씩 기입하지만 사진을 찍고자 하는 사람은 칠판 전체를 하나의 이미지로 바라보고 저장하려 한다. 이는 인격의 형성과 인문교육이 문자의 습득과 체현을 통해 이루어진다고 생각해왔던 기나긴 전통이 위기에 빠졌다는 사실을 의미한다.

이 장에서는 이러한 변화와 단절을 이론적인 수준에서 살펴보고, 인문 텍스트에서 기술적 이미지로 이동해가는 미디어와 지각 방식의 변화를 이념사적인 단절과 매체 철학의 이동의 관점에서 설명하려고 한다. 먼저 휴머니즘의 이념이 문자의 사용과 긴밀한 연관을 가지고 있다는 점을 상기하면서 미디어의 변화가 휴머니즘의 위기를 야기하고 있다는 사실을 살펴보기로 하자. 여기에서 우리는 독일 철학자 페터 슬로터다이크Peter Sloterdijk의 논의를 참조하고자 한다. 다음으로 빌렘 플루서가 "기술적 상상력technological imagination"의 시대라 부르는 새로운 체계에 대해 집중적으로 살펴보기로 하자. 인류와 매체의 역사를 세 시기로 구분하는 그의 도식을 설명하고, 다음으로 그가 전망하는 구체적인 주제들에 대해 분석해보자. 끝으로 '미디어의 포스트휴머니즘 사상가'로 일컬어지는 그가 제안하는 '새로운 휴머니즘'에 대해 논의하고자 한다.

## 1. 페터 슬로터다이크의 휴머니즘 분석: 인간 길들이기와 미디어

페터 슬로터다이크는 저서 『인간 농장을 위한 규칙』에서 하이데거의 『휴머니즘에 관한 편지 Brief über den Humanismus』(이하 『편지』로 표기)를 분석하면서 휴머니즘의 본질을 다소간 역설적인 표현법으로 규정한 바 있다(슬로터다이크, 2004; 하이데거, 2005). 휴머니즘의 목표는 '인간 길들이기'에 있으며, 인간의 동물성을 억제하고 온화한 정신성을 발휘할 수 있게 하는 데에 휴머니즘의 사활이 걸려 있다는 것이다. 이러한 규정이 도발적으로 들리는 이유는 아마도 그것이 야수성의 억제에 일차적으로 강조점을 두고 있고, 따라서 휴머니즘의 의미가 부정적인 방식으로 주어지기 때문일 것이다.

하지만 슬로터다이크가 보여주는 분석의 시야는 상당히 넓어서 흥미로운 점이 있다. 그가 다루는 문헌은 플라톤의 『정치가』에서 출발해서 니체의 『도덕의 계보학』에 이른다. 거의 서양철학사의 시작과 끝을 차지하는 두 철학자는 인간성의 형성을 농장 안에서 동물을 길들이는 것에 명시적으로 비유한다. 플라톤은 정치가를 양들을 이끌어야 하는 좋은 목자에 비교하고, 니체에게 있어 '인간적인' 미덕이란 권력의지를 스스로 축소하는 '반자연적인' 양육으로부터 나오는 것이다. 이렇게 두 철학자는 인간을 동물에, 인간성의 형성을 동물 사육에 비교하는데, 이는 정반대의 동기에서 비롯된 것이긴 하지만 그러한 비교가 중첩된다는 것 자체가 흥미로운 지점이다.

이렇듯 휴머니즘의 목표가 인간 길들이기에 있다고 할 때 그것의 주요 수단은 문자와 책이다. 슬로터다이크에 따르면 모든 글쓰기는 연애편지를 쓰는 것과 같다. 책을 쓰는 작업이란 당장 눈앞에는 없지만 어딘가 멀리 떨어져 있는 미지의 독자에게서 호응을 받으려는 것이며, 이를 통해 사랑에 기반한 공동체를 형성하는 것을 목표로 한다. 그의 분석에 따르면 하이데거의 『편지』와 휴머니즘과의 관계는 이중적이고 역설적이다. 한편으로 『편지』의 내용은 휴머니즘을 비판적으로 분석하고 있다. 하지만 다른 한편으로 그것이 쓰인 정황을 보면 글의 동기는 휴머니즘의 기획에 잘 부합한다. 왜냐하면 하이데거는 자국인 독일의 패전 이후 그를 숭배하는 승전국, 즉 프랑스의 철학자에게 보내는 편지 형식으로 이 장을 작성했기 때문이다.

슬로터다이크의 주장이 맞다면 문자는 어떤 적을 상대로 힘겨운 싸움을 벌이고 있는 셈이다. 그 적은 무엇인가? 문자의 전투에는 오랜 역사가 있다. 서양 문화사에서 문자를 통해 동물성의 방임과 강화에 맞서고 인간성을 형성하고자 했던 이 불안정한 휴머니즘의 기획은 르네상스 이전으로 한참 거슬러 올라간다. 슬로터다이크는 로마 시대의 상황을 대표적인 예로 드는데, 문자의 문제는 이때부터 이미 미디어의 문제와 직접적으로 연관되었다. 인간의 야수성은 거대한 원형극장에서 대중들에게 제공되었던 비극 공연과 검투 대결을 통해 폭발하곤 했던 것이다. 이것들은 고대의 TV, 영화, 유튜브 같은 것들이었다고 말할 수 있을 것이다. 이에 비해 라틴어 서적을 읽는 모임에 참여하는 사람은 소수였다. 요컨대 휴머니즘의 성공 여부는 대중매체의 자극에 맞서 책을 읽는 교양 교육 공동체를 형성할 수 있는가에 달려 있는 것이다. 이는 서양에서 로마 시대 이후 현대까지 계속되어온 문제이다. 그런데 슬로터다이크는 이제 휴머니즘의 시대가 끝나고 있다고 진단한다. 그가 조심스러우면서도 놀라운 어조로 내린 이 진단은 오늘날 문자에 의한 인간 길들이기가 그 효력을 다해가고 있다는 판단으로부터 나온 것이다.

## 2. 빌렘 플루서의 미디어 포스트휴머니즘: 기술적 상상력의 시대

슬로터다이크의 논의는 여기에서 끝나지만 우리는 빌렘 플루서의 미디어 이론을 빌려 논의를 이어가볼 수 있다.[1] 그의 문제의식은 이 시대, 정확히 말하면 1980년대 이후로 인류가 기술

발전과 존재 방식 사이에 큰 괴리를 겪고 있다는 진단으로부터 나온다. 여기에서 기술의 발전, 특히 미디어의 발전은 단지 인간이 더 크고 정교한 조작 가능성을 가지게 되었다는 의미가 아니다. 플루서가 보기에 미디어media는 문자 그대로 인간이 세계를 '매개'하는mediate 방식이며, 이를 통해 인간들은 서로 다시 '매개'된다. 따라서 미디어의 변화, 중심 이동은 세계가 인간에게 일차적으로 현상하는 근원적 장면화의 변화이며, 인간이 우주 안에 거주하는 방식의 변화이다.

그는 미디어의 변화에 입각해 거시적인 관점에서 인류의 시간을 세 시기로 구분한다. 인간은 4차원의 시공간 우주를 직접 다루기 어렵기 때문에 그것에 맞서 축소, 추상해야만 한다. 플루서는 어원에 담긴 의미를 바탕으로 추상Abstraktion이란 찢어내는 행위herausreißen임을 상기시킨다. 시공간은 부피로, 면으로, 선으로 점점 찢긴다. 다시 말해 인간의 미디어의 역사에는 일정한 방향이 존재하는데, 차원이 점점 축소되는 경향을 보여왔다는 것이다(이런 측면 때문에 플루서의 이론은 뒤집힌 헤겔주의처럼 보이기도 한다). 그동안 (1) 3차원은 건축과 조각에서, 2차원은 회

---

1 이후 내용은 주로 플루서의 사후 1993년이 출간된 논문 모음집을 참조했다. 한국어판(플루서, 2004)을 바탕으로 하지만 독일어 원문(Flusser, 1995)을 참조해 번역문을 수정했다. 인용 시 독일어 원문과 한국어판의 쪽수를 차례로 병기한다(약호 LO). 내용 중 일부는 플루서(2001)에도 수록되어 있으며 이 또한 참조했다. 선행 연구는 심혜련(2012: 216-243) 참조.

화 등에서 구현되었고, (2) 그다음 1차원으로 축소된 것이 알파벳 문자이다. 그리고 이것의 극단적 형태가 0과 1로만 정보를 저장하는 이항적 문자, 즉 디지털이다(플루서는 명확히 말하지 않지만 우리는 이를 '거의 0차원'이라고 부를 수 있을 것이다). (3) 그런데 여기에서 미디어 역사의 전환이 벌어진다. 끊임없이 차원이 하강했던 분석이 극한에 이르자 바닥을 치고 다시 종합의 방향으로 상승하는 것이다. 즉 1980년대를 기점으로 디지털을 통해 상위 차원들을 재구성하는 시대로 진입하고 있는 것이다. 컴퓨터 모니터상의 이미지나 홀로그램을 떠올려보자. 선에서 점으로의 이동은 하나의 시기에서 다른 시기로 이행하는 것이기도 하지만 동시에 그 이상으로 근본적인 전환점을 이루는 것이기도 하다. 그것은 분석에서 종합으로 인간의 활동의 방향을 전면적으로 바꾸기 때문이다.

이와 같이 인류가 경험하고 있는 세 가지 거시적 축척의 시간은 플루서에게서 여러 가지 형태로 명명된다. 편의상 다음과 같이 도표로 정리해보자.

|  | (1) 깊이와 평면 | (2) 선형적 | (3) 종합된 평면 |
|---|---|---|---|
| 시간 의식 | 선사시대 | 역사시대 | 포스트역사시대 |
| 미디어의 형태 | 조각, 회화 | 텍스트 text | 컴퓨터 |
| 구성 요소 | 평면 | 직물 texture | 점 |
| 인간의 지적 행위 | 상상 Vorstellung | 파악 Begreifen | 모자이크 |
| 이미지와 문자 사이의 순환 관계 | 마술적 이미지 | 선형적 문자 | 기술적 이미지 |

그런데 추상화 작업은 그 자체만으로는 유지될 수 없다. 인간은 구체적인 경험을 필요로 하고 그 안에서 의미를 얻기 때문이다. 따라서 추상화 작업은 다른 작업과 쌍을 이뤄 순환을 형성하는데, 그것은 구체화 작업이다. 우주를 찢어내는 작업이 인간의 인식 행위라면 그렇게 벌어진 간격을 다시 메우는 것은 체험의 필요조건이다.

> 추상하는 인간은 추상하는 실제 속에서 찢어 벌려진 간격 속에 존재한다. 인간은 추상하는 동물이고, 그의 거주지는 이 간극이다. … 이렇게 입을 크게 벌리고 있는 무無 속에서 살 수 있기 위해 인간은 이 벌려진 상처를 다시 아물게 하려고 한다. … [분석/추상화와 반대되는 종합/구체화라는] 이 운동은 마술에서 시작해 기술에서 끝난다(LO: 35/31).

분석과 종합은 필수적으로 한 쌍을 이루는 운동이고, 이는 인식과 체험, 앎과 삶이 한 쌍을 이루는 것과 마찬가지이다. 그런데 추상이 극단화되는 지점에서 이 운동은 기존의 안정성을 상실한다. 왜냐하면 너무 잘게 찢어졌을 때 이것을 다시 붙이는 작업은 원래 그림을 복원하는 것 이상을 가능케 하고 새로운 상상력을 자극하기 때문이다.

## 3. 구체적인 주제들

한 시대에 가치 있는 사상은 어떤 위기를 반영하고 그것에 대응하기 위해 전개된다. 플루서가 목도한 심각한 위기는 그가 말한 다음과 같은 문장에 담겨 있다. "현재 선은 점들로 부서질 상황에 놓여 있다."(LO: 16/11) 이 선언은 그동안 우리 인간들이 발견하고 구축한 의미는 선형적인 문장들 위에서 구성되고, 저장되고, 해독되었는데, 이 모든 것이 해소될지도 모른다는 위험을 경고하고 있다. 미디어의 최소 단위가 알파벳에서 비트bit로 넘어가면서 문자들의 직물은 점들로 분해되고, 문장들 위에 쌓였던 역사적 의미들은 말 그대로 점들 사이의 허공으로 빠져들 위기에 처해 있다는 것이다.

우리의 모든 노력은 점의 세계Punktwelt를 사람이 살 수 있도록 만드는 데 목표를 둔다. 그러나 어려운 점은 우리가 아직 이러한 세계에 상응하는 의식, 즉 새로운 우주의 범주들을 수용하는 의식을 소유하고 있지 않다는 것이다. 우리는 위기에 처해 있다. 왜냐하면 우리는 역사적, 과정적 범주들을 점의 세계에 응용하고자 시도하기 때문이다(LO: 17/12).

플루서의 주장은 인류의 미디어와 지적 활동이 텍스트에서 기술적 이미지로, 선형성에서 평면성으로, 분석에서 종합으로 이동해가고 있으니 이에 수반되는 여러 변화를 적극적으로 예측하고 대비하자는 것이다. 구체적으로 몇 가지 주제를 가려내 살펴보자.

1) 역사에서 우주로, 비판에서 창조로

플루서는 역사의식 자체가 문자의 사용으로부터 온다고 생각한다. 동굴 벽에 그려진 회화에서 사람의 시선은 비선형적이고 임의적이다. 그것을 해석하는 법은 사람마다 다르고 시선의 움직임은 대부분의 경우 원형을 그린다. 한편 이것이 선으로 찢어져서 펼쳐질 때 시선과 사고는 선형성을 갖게 되고 단어들의 의미가 축적되다가 문장이 끝날 때 최종적인 의미가 등장한다. 텍스트 위에서야 비로소 '우리는 어딘가를 향해 나아간다'는 것이다. 역사란 중요하지 않은 사건들을 버리고 중요한 사건들을 가려내krinein 일렬로 꿰는 작업이다. 이것은 텍스트 곧 직조織造의 작업과 다르지 않다. 텍스트는 비판의 작업이고 이를 통해 구성된 역사는 인류에게 현실성을 제공한다.

그러나 오늘날 이러한 역사성과 현실성의 직물은 조각나고 있다. "우리는 우리를 앞서간 세대들이 우주를 과정들로 꿰는 데 사용했던 실마리를 잃어버렸다. 따라서 그 우주는 먼지처럼 흩날리고, 윙윙 난무하는 입자로 흩어지고 있다."(LO: 45/43) 이것은 흔한 말로 '역사의 종말'이다. 하지만 여기에서 플루서는 묵시론적 어조를 띠지 않는다. 점의 세계는 오직 가능성Möglichkeit의 세계이다. 이제 문제가 되는 것은 무한히 많은 가능성의 점들을 조합해 내적으로 정합적이며 지속 가능한 새로운 결합물을 창조하는 것이다. 여기에서 우리는 선형적이고 유일한 역사에서 다양한 가능성의 우주로 이행한다. 이러한 생각은 어쩌면 최근의 시뮬레이션 우주론이나 다중 우주 이론과도 결합될 수 있을 것이다. 이러한 변화 안에서 인간의 최고의 지적 작업, 즉 비판의 형식 역시 달라진다.

> 지금까지 비판한다는 것은 근본적으로 상상 속에 내재하는 마술에서 인간을 해방시키기 위해 상상을 분석하는 것이었다. 이제 비판한다는 것은 그 반대로 개념을 가시적으로 만들기 위해 상상을 종합하는 것이다(LO: 264/278, 강조는 인용자).

인류가 상상에서 개념으로 이행할 때 비판은 상상의 마술성을 폭로하고 축소하는 데 있었다. 그리고 이제 비판의 힘은 그 단계를 넘어 개념을 다시 이미지로 변형하고 개념에 기반한 이미지를 창조하는 데까지 나아가야 한다. 여기에서 비판은 이중적인 의미를 지니는 듯 보인다. 한편으로는 원래의 뜻을 보존하면서 다른 한편으로는 비판이 개념적 사고에 머무르는 것 자체에 대한 비판을 함축한다. 비판적 텍스트들의 연장선상에서 이미지는 마술적이지 않고 비판적이게 된다.

2) 작품 해석에서 기구 비판으로

이미지의 다양한 유형 중에서 사진은 비디오나 영화보다 플루서에게 특별한 의미를 지닌다. 사진은 기술적 상상력에 속하면서도 동시에 전통적인 상상적 이미지의 외양을 지니고 있기 때문이다. 사진은 이렇게 두 가지 다른 체제의 중첩처럼, 그것들 사이의 이행처럼 보이며, 이런 이유에서 사진 이미지는 플루서의 논의에서 계속해서 되돌아가는 역사적으로 풍부한 사례가 된다. 따라서 그의 사진 분석을 살펴보면 그의 이론의 핵심과 실천적 대안이 무엇인지 좀 더 잘 이해할 수 있다.

사진에 대한 분석이 플루서의 이론에서 갖는 의미는 또다시 이중적이다. 그것은 인류가 기술적 상상력의 시대로 급격하게 이행하고 있지만 불행하게도 이에 적합한 사유와 실천의 기준을 가지고 있지 못하다는 것을 드러내는 대표적인 사례가 된다. 플루서는 회화와 사진, 화가와 사진가를 대비하면서 이미지의 생산과 소비 방식이 현저하게 다른 양상을 띠고 있음을 상기시킨다. "사진과 기타 기술적인 이미지들에서 이러한 진·선·미의 분리는 모든 의미를 상실했다. 사진 촬영은 미학적인 현상을 생산하기 위한 과학에서 유래한 기술적인 제스처이다."(LO:

95/96)

　사진은 기하학적 수학, 광학적 기술, 화학적 재료학에 근거하고 있다. 따라서 그것은 마술적 상상력이 아니라 이미 비판적 사고와 수식의 결과물이다. 여기에서 근대 사상이 진·선·미에 각각 부여했던 고유한 비판적 기준은 효력을 상실한다. 왜냐하면 사진기의 제작 과정이 이미 가장 비판적인 작업의 성과, 즉 수학과 기술의 층위로부터 성립되기 때문이다. 요컨대 디지털 카메라는 촬영뿐만 아니라 수정과 조작과 편집의 편의성 자체를 염두에 두고 여러 기술 법칙을 동원해 만들어진다. 우리 시대에 "비판은 생산을 앞서간다." 사람들은 사진 이미지를 비평할 때 회화와 같은 종류의 기준을 적용할 수 없다. 만일 우리가 사진 이미지의 진·선·미를 평가하고자 한다면 대상의 분해와 종합의 기술적 과정에 입각해 평가할 수밖에 없다. 즉 사진기는 대상을 정확히 반영하고 있으므로 진리이고, 과학적 법칙을 충실히 구현하고 있으므로 좋으며, 촬영자 개인의 시각적 체험을 충실히 전달할 수 있으므로 아름답다고 말해야 할 것이다. 하지만 모든 카메라는 그러하므로 이러한 평가는 무의미하다. (디지털)카메라는 그러한 진·선·미 개념을 무력화하고 그 너머에 있는 어떤 지점에서 작동하고 있는 장치이다.

　그렇다고 해서 플루서가 자신의 논의에서 대표적인 이미지가 회화에서 사진으로 단선적으로 진행함에 따라 인간의 지적 활동이 소멸하고 있다고 선언하려는 것은 아니다. 사진은 인간이 아니라 기술을 통해 생산된다. 달리 말해 그것은 어떤 기구apparatus의 산물이다. 따라서 문제가 되는 것은 이미지의 내적 구성이 아니라 그것을 둘러싸고 있는 기구에 대한 비판이다. 플루서는 거대하지만 보이지 않는 기술적이고 사회적인 기구에 맞서는 두 가지 방식을 제시한다. 하나는 앞으로 더욱 밀고 나가 돌파하는 것이고, 다른 하나는 뒤로 되돌아가 아직 소진되지 않은 가능성을 발굴하는 것이다. 사실 이것들은 모든 기구 또는 제도 비판과 관련하여 일반적으로 예상 가능한 것이기도 하다.

전자는 사진 자체를 통해 사진 기구를 '기만'하는 방식이다. 사진기에 담긴 기술들의 잠재력은 완전히 소진되지 않고, 그것은 늘 새로운 가능성을 내포한다. 이러한 가능성의 발견과 실현을 통해 기구의 통제적 성격을 위반할 수 있다. 이러한 종류의 사진들은 '실험적'이고 '예술적'인 사진이라고 불릴 수 있다. 후자는 전통적인 방식으로 회화를 그리는 것이다. 이것은 외부의 관점에서 기구에 정면으로 저항하는 방식이다. 하지만 이는 기술의 발전을 무시하면서 수공업적인 작업을 유지하기만 한다는 뜻이 아니다. 플루서는 회화가 기술적 상상력의 도래의 의미를 이해하면서 그것과 결합되고 더 나아가 그 한계를 넘어서는 경우에만 현대적 의미를 획득할 것이라고 강조한다. 그는 편리하게 '인간 고유의 것'에 호소하는 이론들을 냉혹하게 비판한다. 많은 이론가는 인간적인 것이 기술적인 것과 분명하게 구별된다고 말하지만, 플루서가 보기에 그들이 인간적인 것이라고 말하는 것 대부분은 사실 기술적인 것으로부터 나온다. 진정 인간만이 고유하게 가지고 있는 창조력과 그러한 창조력이 낳은 산물이 무엇인지는 쉽게 파악되지 않는다. 그것은 모든 "기구적 가능성을 완전히 인정"하고 이해한 다음에야 가능하다(LO: 145/150).

위 두 가지 실천적 작업은 플루서가 각각 "전략적 사진 작업"과 "기구를 넘어선 이미지"라고 부르는 것이다. 이것들은 기구가 제공하는 잠재력의 독특한 실현을 통해 기구를 위반하거나 또는 기구의 잠재력에 대한 충분한 이해와 탐구 후에 그 한계 너머에서 비非기술적인 창조력을 보여주는 것이다. 이러한 두 가지 방식은 사진에만 한정되는 것은 아니다. 이것들은 디지털이 압도하는 시대 속에서 플루서가 요구하는 비판적 작업의 요체가 될 것이다.

### 3) 새로운 진리관: 감성적 실용주의

플루서에 따르면 중심 매체가 텍스트에서 디지털로 이행할 때, 다시 말해 선에서 점으로 넘어갈 때 우리가 사용하는 근본적인 범주들이 흔들리게 된다. 대표적으로 진리 개념이 그렇다. 진리는 전통적인 어법으로 말하자면 '사물과 인식의 일치'에 의해, 플루서의 표현을 빌리자면 "사물에서 추상화된 것과 사물에 남은 것 사이의 대응 관계"에 의해 정의된다(LG: 36/32). 그런데 모든 사물이 궁극적으로 무한히 많은 점으로 분해될 때 그러한 고전적 진리 개념은 붕괴한다. 왜냐하면 사물은 전부 추상화되고 우리가 가지고 있는 것에 일치를 요구할 잔여가 없어지기 때문이다.

여기에서 주의 깊게 언급할 만한 사항은 플루서가 사물과 이미지 사이에 어떠한 본성상의 차이도 없다고 주장한다는 점이다. 그 대신 그 사이에는 정도상의 차이만이 존재한다. 그가 보기에 이미지가 실재에 미치지 못한다고 우리가 생각하는 이유는 사물에 비밀스러운 것(본질)이 감추어져 있기 때문이 아니라 대부분 단순히 이미지의 밀도가 낮기 때문이다. 예를 들어 우리가 의자의 홀로그램을 만든다면, 그리고 물건을 떠받칠 수 있을 정도로 그것의 입자의 밀도를 충분히 높일 수 있다면 그것은 의자와 구별되지 않을 것이다. 오늘날 우리가 보기에 그의 반反본질주의적 예언은 3D 프린터로 실현되고 있는 것 같다.

철학적으로 볼 때 우리는 여기에서 니체의 니힐리즘의 깊은 영향을 엿볼 수 있다. 그의 교의의 첫 번째 의미는 세계의 근본적인 의미나 본질은 존재하지 않는다는 것이다. 그리고 두 번째 의미는 그럼에도 불구하고, 또는 그렇기 때문에 세계의 의미는 해석되어야 할 무엇이 아니라 창조되어야 할 무엇이라는 것이다. 플루서의 디지털 이론은 면-선-점으로 이어지는 그의 미디어 이론과 허무를 긍정하는 니체의 니힐리즘이 교차하는 지대에서 형성되었다. 그의 디지털 유물론은 니체의 무의미를 디지털 스크린의 픽셀들에서 발견한다. 그는 인간의 추상화 작업이 극단까지 진행되는 바람에 모든 사물이 점으로 분해되는 허무한 상태에 우리 인간이 처해 있다고 진단한다. 점, 비트, 픽셀 이면에는 아무것도 없다.

진리가 요구할 세계의 본질은 존재하지 않는다. 그 대신 세계는 창조되어야 할 무엇이다. "모델은 더 이상 어떤 것에 맞게 적용될 수 없다. 모델을 만드는 일은 더 이상 [비교하기 위해서] 붙이는 작업이 아니라 설치하는 작업이 될 것이므로 우리는 '진리'라는 기준을 포기해야만 한다."(LO: 36/33) 요컨대 진리라는 기준은 이제 포기되거나, 아니면 그 내용이 바뀌어야 한다. 그 기준은 심미적/감성적 성격을 띤다. 오늘날 경쟁하는 과학적 가설들을 평가할 때에도 감성적 기준이 작동한다. 더 작은 변수들로 더 많은 것을 설명하는 것이 더 나은 이론이다.

플루서가 드는 과학적 예들보다 좀 더 현대적인 예를 생각해보자. 양자역학의 설명은 성공적이지만 슈뢰딩거방정식이 현실에서 무엇을 지시하는지는 알 수 없고 그것의 연산 결과만이 관찰될 뿐이다. 양자역학의 역사는 거의 백 년이 되었지만 물리학자들은 그것이 함축하는 세계관이 어떤 것인지 합의에 도달하지 못했다. 심지어 물질은 궁극적으로 에너지나 파동과 같은 것이어서 하이젠베르크에 따르면 관찰 이전에 물질 자체란 존재하지 않는다는 것을 사실로 받아들여야 한다. 양자역학은 확립된 과학적인 이론이지만 우리는 그것의 의미가 무엇인지 모른다.

> 수면 위로 떠오르는 점-세계 속에서는 모델들이 그 과학적 성격을 상실할 것이다. 사람들은 이 모델들이 의도적으로 창조된 기교, '예술 작품'이고, 이러한 기교를 창조하는 의도는 이 세계의 공허를 감추기 위한 것이라는 사실을 완전히 간과하게 된다. … 우리는 모델들을 구별할 때 인식론적 기준 대신 감성론적 기준을 사용해야만 한다(LO: 37/34).

여기에서 다시 한번 플루서는 니체와 공명한다. 니체는 극단적인 니힐리즘으로부터 미학적 형이상학으로 나아갔다. "삶과 세계는 심미적 현상으로서만 정당화된다."(니체, 2007: 99) 이것과 매우 비슷한 어조로 플루서는 다음과 같이 말한다. "진정으로 새로운 것은 우리가 이제부터 아름다움을 유일하게 받아들일 수 있는 진리의 기준으로 파악해야 한다는 사실이다."(LO: 285/303) "이 새로움은 구체적으로 체험/감각되는aisthestai/erleben 모든 것이 실재적real이라고 생각하는 형식적, 계산적, 구조적 의식에서 유래한다."(LO: 285/304)

디지털의 표면 위에서 가상Schein은 실재성을 구성하는 새로운 심급이 된다. 이것의 수준에 대한 평가는 같은 어원을 공유하는 '아름다움Schönheit'의 정도, 또는 체험의 강렬함의 정도에 달려 있다. 이러한 플루서의 입장은 아마도 '감성적 실용주의aesthetic pragmatism' 정도로 명명될 수 있을 것이다.2 여기에서 인간 역시 점들이 모여 합성된 면으로 변모하고, 디지털의 표면을 따라 펼쳐지는 체험과 감각의 막으로 변신한다. 인간의 감각 기관과 디지털 스크린이라는 두 표면 사이에서 벌어지는 사건들이야말로 세계의 실재성을 채워 넣고 그 표면의 굴곡을 변화시킨다.

### 4) 주체에서 기획으로

근대적 계몽Enlightenment의 구조는 어둠 속에서 빛을 쏘는 것이다. 빛의 원천은 인간의 정신에 있고, 그 빛의 끝은 어둠에 잠겨 있는 자연에 가닿아 그 일부를 밝힌다. 그리고 광선의 양쪽 끝 너머에는 어두운 심연이 있다. 정신의 심연 – 빛을 밝히는 주체 – 밝혀지는 대상 – 세계의 심연. 이것이 플루서가 말하는 근대의 구조이다. 세계의 어둠은 더욱더 많이 빠르게 밝혀졌다. 그런데 이것은 어떤 역전을 야기한다. 근대인들에게 세계는 어

---

**2**  앞서 4장에서 말했듯이 'aesthetic(esthétique)'은 좁은 의미로는 아름다움에 관한 것, 넓은 의미로는 감성에 관한 것을 의미한다. 여기에서는 포괄적인 의미를 지시하고자 '감성적'이라는 말로 옮긴다.

둡고 범죄적이었다. 사람들은 배경을 밝게 밝혀 권력의 범죄를 폭로하고자 했고, 악은 선으로 전환되어야 했다.

그런데 현대에 와서 범죄학이 성립되자 악은 점점 가치중립적인 것이 되었다. 예를 들어 넷플릭스 드라마 〈마인드헌터〉(2017-)는 이러한 전환을 소재로 하고 있다. 이 드라마는 1970년대 후반 연쇄살인범들을 최초로 '이해 가능한' 연구 대상으로 만들려고 노력했던 FBI 요원들과 대학교수의 이야기이다. 두 요원은 잔인한 '악마의 자식들'을 이해하려 하고, 결과적으로 변명의 구실을 제공하려 한다고 주위 사람들로부터 비난을 받는다. 뇌과학과 사회학을 활용한 범죄학은 아이러니하게도 그 동기와 무관하게 그 어떤 끔찍한 범죄도 인과적인 심리 법칙에 따라 일어날 수 있는 것으로 만들었다. 범죄는 이제 악이라기보다 질병이 되었다.

이처럼 빛의 메타포로 추진된 계몽의 기획은 모든 것을 거대한 빛의 폭포수 안으로 쓸어 담았다.

> 인공지능은 주체 뒤에서 아무것도 찾을 수 없다는 사실을 실천적으로 보여주고, 홀로그램 역시 대상과 관련해 동일한 것을 보여준다. … 즉 지능으로 묶인 광선과 대상으로 묶인 광선만이 있을 뿐이다(LO: 330/354).

여기에서 빛은 더 이상 주체에서 대상으로 나아가지 않는다.

세계는 밝혀진 그대로이며, 밝혀지지 않은 것은 없고, 최소한 언젠가는 모든 것이 밝혀질 것이기 때문이다. 오히려 어둠은 인간의 내부에 남아 있다. 따라서 빛은 반대로 대상에서 주체로 들어온다. 사진과 영화에서처럼 인간의 두뇌가 암실이자 스크린이다.

여기에서 인간은 주체가 아니라 다른 무엇으로 변한다. 주체subject는 원래 중세에 '군주 아래 놓여 있는 자sub-jectum', 즉 신민을 뜻하는 말이었다. 봉건제가 붕괴한 것과 주체가 개념망의 중심으로 진입한 것은 동시에 일어난 일이다. 이러한 어원을 상기시키면서 플루서는 인간이 더 이상 주체가 아니라고 주장한다. 이때 그 말의 뜻은 인간이 대상 아래에 있는, 즉 대상을 존중해야 하는 주체가 아니라는 것이다. 그렇다면 인간은 이제 무엇인가? 대상의 상관 쌍이 주체라면 오늘날 비트-표면에 대응하는 것은 기획project이다. 즉 비트들의 표면 위에서 가능한 것을 조합해 만들어나가기 위해 기획하고, 스스로를 투영하는 것이 새로운 인간의 모습이다.

> 우리는 더 이상 주어진 객관적인 세계의 주체가 아니라 대안적 세계들의 기획이다. 우리는 예속적인 주체의 위상에서 빠져나와 우리 자신을 투영하는 것 속에 위치시켰다 (LO: 283/301).

여기에서 플루서는 사르트르의 실존주의의 후예처럼 말한다. 인간을 '자기 자신을 허무를 향해 던지는 자pro-jet'라고 규정했던 자는 사르트르였다. 사르트르가 니체의 허무주의를 실존주의를 창시함으로써 극복하고자 했듯이 플루서 역시 디지털 허무주의에 대해 일종의 디지털 실존주의를 해답으로 제시하려는 것이다. 아래가 아닌 앞을, 주체가 아닌 기획을 내세우면서 말이다.

이러한 세계관을 대표하는 이미지로서 『공각기동대』의 마지막 장면을 떠올려볼 수 있다. 컴퓨터 바이러스는 자신을 하나의 생명이라고 주장하면서 정치적 망명을 신청하고, 사이보그와 성적 결합을 한 뒤 네트워크상으로 뛰어든다. 그 안에서 영원히 변종을 일으키며 살아갈 수 있을 것이라고 예감하면서.

> '디지털 가상'은 우리를 위해 우리의 주위와 우리 내부에서 입을 크게 벌리고 있는 공허의 밤을 밝혀주는 빛이다. 그렇다면 우리 자신은 그러한 무無를 향해 무 속으로 대안적인 세계들을 설계하는 전조등이다(LO: 285/304).

5) 새로운 휴머니즘: 스케일의 문제

『피상성 예찬』을 중심으로 한 이상의 논의에서 플루서는 미디어의 변화에 따라 인간과 세계가 근본적으로 분해되고 새로운 차원으로 이행해야 한다는 점을 과격하게 주장하는 것으로 보인다. 그런데 다른 글에서 그는 휴머니즘을 해소하는 것이 아니라 그것의 내용을 혁신해야 한다는 점을 역설한다. 이것은 언뜻 그의 사상의 불균질한 지점처럼 보이기도 한다. 그러나 플루서가 여러 비평가에 의해 '미디어 포스트휴머니즘' 사상가라고 불린다면 이때 포스트휴머니즘의 의미는 휴머니즘의 초월이 아니라 디지털 미디어 시대라는 조건에서 휴머니즘을 새롭게 규정한다는 뜻으로 받아들여야 할 것이다. 보충적으로 아래의 논의를 살펴보자.

플루서는 「크기 정도와 휴머니즘」이라는 글에서 더 이상 휴머니즘이 불가능해진 계몽의 역설을 지적한다(Flusser, 2002: 160-164). 고전적 휴머니즘은 마치 거대한 대양 위에 떠 있는 작은 섬처럼 인간이 지각할 수 있는 차원에 한정해 거주를 안정화시킨 것이었다. 계몽이 모든 것을 인과적 설명의 대상으로 삼은 결과 인간의 이해는 가장 작은 것에서부터 가장 큰 것에까지 이르게 되었다. 인류는 비록 작은 배에 의존하지만 인과적 분석력에 힘입어 넓은 대양을 떠돌아다닐 수 있게 되었다. 그런데 문제는 인간의 정신 자체가 점점 더 그러한 양적 분해의 대상이 되었다는 점이다. 생각이나 의식도 시냅스의 전달 체계로 이해된다. 인간의 작은 배조차 조각나 대양 안으로 녹아드는 상황인 것이다.

플루서는 이러한 양적 세계관의 확장을 불가피한 것으로 긍정하면서도 새로운 휴머니즘의 필요성을 제기한다. 모든 것을 양적으로 환원하고 균등화하는 것에 맞서 해야 할 일은 신비한 질적 차원에 속하는 것을 옹호하는 것이 아니다. 중요한 것은 양적 차원도 질적 차원도 아닌 차원의 양적 수준들, 즉 '크기 정도orders of magnitude(자릿수)'이다.³ 플루서는 자연과학과 인문사회과학의 예를 하나씩 제시한다. 전자의 예로, 아인슈타인은 뉴턴보다 더 정확하지만 항상 더 효과적인 것은 아니다. 만일 일상적인 수준에서 아인슈타인의 상대성이론 공식을 사용한다면 그것은 불필요하고 심지어 어리석은 일이라고 할 수 있다. 후자의 예로는 진화생물학자들이 '인종'이라는 말을 쓸 수 있지만, 정치인이 그런 표현을 사용하는 것은 범죄에 해당한다는 점을 들 수 있다. 현대 국가는 사람들이 생물학적 차이가 있어도 동등한 능력과 권리를 가지고 있다는 전제를 기반으로 작동하고 있기 때문이다. 플루서의 비판에 의하면 이 두 가지 경우 모두 크기 정도를 혼동하기 때문에 벌어지는 일이다. 다시 비유하자면 이제 인류는 대양 위의 작은 섬이 아니라 인형 안

---

3   이때 'orders of magnitude'는 물리학적 의미를 염두에 두면서 일반적인 의미로 확장해 사용하고 있어 번역하기 좀 난감한 면이 있다. 잠정적으로 '크기 정도(자릿수)'라고 옮기기로 한다. 이것은 밑을 10으로 하는 거듭제곱의 지수($10^x$)를 말한다. 즉 어떤 것의 크기가 $10,000(=10^4)$이라고 한다면 이것의 크기 정도는 4이다. 신경과학부터 동물학, 사회학, 천문학까지 각 분과 학문의 구분은 그것들이 다루는 대상의 크기 정도에 따라 구분될 수 있다.

에 인형이 또 들어 있는 러시아 인형과 같은 상황에 놓여 있다. 즉 중요한 것은 어떤 상황에서 문제가 되는 크기 정도, 적합한 차원, 적절한 척도를 포착하고 유지하는 일이다.[4]

마음의 작동과 생명의 유지는 오늘날 각각 양자quantum와 분자molecular 수준에서 측정되고 개념화된다. 이 과학적 진보 자체는 되돌릴 수 없는 것이지만 문제는 다음과 같다. 세 가지 스케일, 즉 감각에 의해 지각되는 수준(일상), 분자 수준(생명), 양자 수준(마음)을 무차별적으로 오가는 것은 마음, 생명, 죽음에 대해 무감각해지는 결과를 낳는다. 플루서는 이를 "새로운 야만주의"라고 칭한다. 동시대인들의 무감각은 기존의 비판의 관점에서 잘 포착되지 않는다. 새로운 야만주의는 이전의 야만주의, 이를테면 나치의 그것과 구별된다.

이전의 야만주의는 측정 없이 경멸한다. 그것은 측정될 수 없이 거대했다. 그것은 마음, 생명과 죽음을 측정할 수 없었다. [반면] 현재 출현하는 기술은 측정하기 때문에 마음,

---

[4] 디지털과 관련된 간단한 예를 다음과 같이 들 수 있다. 최근 뉴스에 따르면 LCD 액정 화소 수 경쟁은 무의미해지는 단계에 이르렀다. 화소 수의 밀도가 어느 정도 이상 높아지면 인간의 지각은 더 이상 그 차이를 구분하지 못하는데, 현재 관련 기술이 그 경계를 넘어섰기 때문이다. 따라서 LCD 액정 기술 발전은 이제 화소 수가 아니라 다른 방향으로 이루어지게 될 것이다. 이는 양적 세계 안에 크기 정도(자릿수)가 만들어내는 어떤 불연속성의 좋은 예가 될 것 같다.

생명과 죽음을 경멸한다. 이것이 바로 전통적인 휴머니즘이 새로운 야만주의를 비판하지 못하는 이유이다. 새로운 야만주의는 전통적인 휴머니즘보다 더 계몽되어 있다(Flusser, 2002: 163).

여기에 계몽의 역설이 있다. 계몽은 인간의 지성에 대한 신뢰에 바탕을 두고 있고 지성적 활동의 핵심은 측정이다. 그런데 이것이 극단화되면 역설적으로 휴머니즘의 무력화로 귀결된다. 이 논점과 관련해 플루서는 아마도 프랑크푸르트의 비판 이론에 가까운 어느 지점에 있는 것 같다. 그렇다면 그가 볼 때 도구적 이성을 보완할 수 있는 상위의 이성은 무엇일까? 플루서가 주창하는 '새로운 휴머니즘'은 작은 섬을 고집하는 것이 아니라 러시아 인형들의 서로 다른 크기 정도를 놓치지 않는 데에 있다. "각 차원마다 효과적이고 조형적인 인식론, 윤리학 그리고 미학이 존재한다."(Flusser, 2002: 163)

서양에서 휴머니즘을 표현하는 가장 고전적인 정식은 "인간은 만물의 척도이다"(프로타고라스, 기원전 5세기)라는 경구이다. 플루서는 이 말을 인용하면서 휴머니즘을 비판하는 글을 시작하는데, 이때 이 말은 이중적인 의미를 지니는 것으로 보인다. 그는 이 말을 지탱해주고 있는 어떤 맹목성을 비판하면서 그 맹목성이 인간 인식의 확장과 대비되어 더 이상 유지되기 힘들다는 점을 밝힌다. 하지만 최종적으로 이 명제는 다른 관점에서 교정되고 다시 긍정되어야 하며 그것의 핵심을 회복해야 한다는 결론으로 되돌아온다. 우리는 측정이 무한히 작은 것과 무한히 큰 것으로 확대되는 것을 수용하면서도 동시에 크기 정도들 사이의 차이를 망각해서는 안 된다. 플루서에게 크기 정도는 양적 세계 안에서 양적인 개념이면서 질적 차이를 만들어내는 무엇이다. 그 덕분에 인간은 인간적 척도가 유일하지는 않지만 중요하다는 점을 주장할 수 있다.

## 4. 인간의 스케일

앞서 본 것처럼 빌렘 플루서는 1980년대 디지털 미디어의 도래와 함께 인류가 완전히 새로운 매체의 시대, 즉 기술적 이미지의 시대로 진입하고 있다고 주장했다. 그의 이론은 명료한 만큼 사태를 단순화하고 변화의 충격을 과장하는 측면이 있다고 평가할 수도 있겠다. 예를 들어 그는 디지털 문화의 일반화가 기존 인문주의의 가치와 이념을 전면적으로 폐기할 것이라고 주장했지만, 반대로 그런 이유에서 고전 읽기와 표현적 글쓰기에 대한 교육과 관심이 더욱 강조되고 강화될 가능성이 있는 것도 사실이다. 그리고 우리는 실제로 (주로 대학 바깥에서이긴 하지만) 그러한 상황을 목격하고 있기도 하다.

사실 단순한 도식 형태를 띠는 이론 체계의 위험성을 그가 몰랐다고 생각하기는 어렵다. 이론이 추상이고 찢어내는 행위라는 점을 그는 잘 알고 있었고, 어차피 그러한 위험을 감수해야 한다면 시대의 변화를 복잡하고 모호한 방식으로 서술할 필요가 없다고 생각했을 것이다. 그렇다면 우리로서는 그가 단절적으로 구획한 변화를 시대적 구분으로 간주하기보다는 영향력이 커져가는 체제의 등장으로 이해하는 것이 좋을 듯하다. 그가 말한 세 시기는 세 체제로서 공존하며, 이 체제들 안에서 중심적이 이동하고 있다고 말이다.

기술적 이미지가 문자의 기록보다 매체로서 점점 더 큰 영향력을 행사할 것이라는 예견에는 별다른 이의를 제기할 수 없을 것 같다. 다만 문자의 시대에 회화가 변화를 거듭하며 인류의 감성을 형성해왔듯이 기술적 이미지의 시대에 문자의 역할은 여전히 인문적 주체성 형성에 중요한 역할을 담당할 것으로 보인다. 디지털 디바이스와 멀티태스킹이 생활 깊은 곳까지 침투해 들어올수록 우리는 읽고 쓰는 오래된 행위가 개인들의 차이를 만들어내고 주체화하는 가장 유력한 방법이라는 것을 깨달아가고 있는 중이다. 또한 오랜 시간을 이겨낸 인문 고전들은 오히려 새로운 이유에서 중요해질 수 있다. 그 바탕 위에 플루서가 강조한 것처럼 기술적 이미지의 창조적 역량이 새롭게 놓이게 될 것이기 때문이다. 이러한 차원의 필요성과 필연성을 강조할 때 플루서는 인문 전통에 대한 집착 없이 누구보다 과감했다고 평가할 수 있을 것이다.

플루서가 인간적 척도가 사라진 환경에서 새로운 휴머니즘의 필요성을 제기한 것은 사실이다. 그럼에도 불구하고 플루서에게 '인간'이라는 말은 비어 있는 무엇이다. 그렇다면 우리는 다음과 같이 추측해볼 수 있다. 우리가 무엇이 '인간적'이라고 말할 때 플루서의 어법에 따르면 그것은 인간적 본질에 부합한다는 뜻이 아니라 인간의 척도에 적합하다는 뜻이다. 인간은 세계의 중심은 아니지만 인간적인 것에 관심을 쏟는 유일하고 자연스러운 존재자이다. 그러므로 프로타고라스의 말은 이렇게 고쳐 적어야 할 것이다. '인간은 만물의 척도가 아니라 인간적인 것의 척도이다.' 이처럼 '크기 정도'의 관점에서 생각할 때 무한한 비트의 허무주의를 긍정하면서 그 안에서 인간적 삶을 위한 환경을 만들 수 있는 길이 열릴지도 모르겠다.

# 6장 선, 껍질, 분열증: 백남준의 전자 이미지

　백남준의 작품 세계는 크게 세 시기로 구분될 수 있다. 독일에서 수행한 플럭서스와 네오다다를 첫 번째 시기(1958-1962년)로 본다면, 1963년을 기점으로 그의 관심사는 TV와 비디오아트로 급격하게 넘어간다. 백남준에게 세계적인 명성을 안겨준 이 시기를 두 번째로 간주하자. 그리고 로봇과 레이저로 작업한 세 번째 시기(1995-2006년)가 그의 예술적 궤적의 끝부분을 차지한다. 그렇다면 우리가 여기에서 생각해볼 문제는 다음과 같은 것이다. 백남준의 다양한 작품 세계를 관통하는 통일성은 어디에 있는가? 특히 행위 음악과 비디오아트 사이의 간격은 일견 커 보이는데, 우리는 이 간격을 어떻게 생각해야 할까? 이 질문에 대한 답변은 여러 가지 관점에서 주어질 수 있겠지만 여기에서 우리는 철학적인 관점에서 몇 가지 지점을 살펴보고자 한다.

## 1. 선불교와 전자: 무無

로버트 라우션버그Robert Rauschenberg, 존 케이지John Cage, 백남준은 비슷한 시기에 공통적인 작품을 제작한다. 라우션버그는 화이트 페인팅white painting을, 존 케이지는 화이트 뮤직white music을, 백남준은 화이트 시네마white cinema를 만든다(라우션버그, 〈White Painting〉; 1951, 존 케이지, 〈4분 33초〉, 1952; 백남준, 〈필름을 위한 선〉, 1964). 우리는 그것들을 1950-60년대의 '세 개의 흰색'이라 부를 수 있을 것이다. 이 작품들은 네오다다이즘과 개념 미술이 공히 도달한 예술의 조건을 보여준다. 이전의 예술가들은 소음과 구분되는 화음을, 또는 더 나아간다 해도 협화음과 병존할 수 있는 불협화음을 만들어내는 데 전념했다. 반면 위 작가들이 문제 삼는 것은 화음과 소음, 형태와 선 사이의 구분 그 자체이다. 라우션버그는 "하얀 캔버스 위를 자세히 보면 먼지들이 떠돌아다닌다"라고 선언했다. 같은 맥락에서 백남준은 사이버네틱스의 용어법을 빌려 "메시지가 없는 신호도 메시지가 있는 신호만큼 중요하다"라고 말했다.

이들은 형태를 알 수 없는 선들을 캔버스 밖으로 몰아내려는 의지, 불협화음을 소음으로 간주하고 음악에서 제거하려는 의지를 부당한 것으로 여긴다. 왜냐하면 모든 선과 소리는 평등한 권리를 갖기 때문이다. 존 케이지가 4분 33초 동안 피아노 앞에 조용히 앉아 있었을 때 그가 관객에게 들려주고 싶었던 것은 관객들 스스로 내는 소리들이었다. 세 개의 흰색은 우리가 어떤 절대적인 영점에 도달할 때 비로소 형태와 선, 화음과 소음의 차별적 구분이 무화된다는 점을 일깨운다. 여기에서 모든 조형적 요소는 자신의 권리를 동등하게 주장한다.

  이와 관련해 백남준이 선불교로부터 깊은 영향을 받았다는 점을 다시 한번 강조할 필요가 있어 보인다. 그런데 선불교의 내용도 중요하지만 흥미롭게도 그가 그것에 영향을 받은 역사적 맥락 자체가 사이버네틱스적인 현상으로 보인다. 잘 알려져 있듯이 백남준은 존 케이지를 통해 선禪에 관심을 갖기 시작했다. 아마 이 영향을 계기로 그의 사유의 위상학이 복잡해지기 시작했을 것이다. 그 전까지 젊은 그에게 한국과 유럽은 대립 항처럼 놓여 있었던 것 같다. 즉 한국과 동아시아는 과거에, 유럽과 미국은 미래에 위치했다. 그러나 이때부터 동아시아/유럽, 동양/서양, 전통/혁신, 과거/미래의 구분은 서로 복잡하게 얽혀 들어가 층층이 상호 개입하고 복잡한 회로를 그리기 시작한다. 서양음악의 작곡법에 회의를 느낀 존 케이지는 일본의 선 사상에 심취했고, 백남준은 독일에서 존 케이지로부터 선 사상을 발견했다. 그런데 사실 그에게 영향을 미쳤던 것은 선 사상 자체라기보다 존 케이지가 받은 영향이었다. 미래의 미디어와 동아시아의 전통 사상이 백남준의 세계에서 거대한 피드백을 형성한 것은 이 순간부터였다.

  선은 이미 완료된 체계적인 사상이 아니라 떠오르는 구분들을 끊임없이 지워가는 수련의 과정이다. 가치 있는 것과 그렇지 않은 것의 구분은 우리의 마음에서 부지불식간에 일어나는 것이기 때문에 그것을 깨닫고 지워가야만 우리는 완전한 허공인 마음에 도달할 수 있다. 이를테면 한 문답에서 제자는 부처가 성인聖人이 아니라 범부凡夫의 마음에 있는 것인지 묻는데, 스승에 따르면 그러한 구분과 탐구 자체가 그에게서 부처를 가로막고 있다.[1] 이 가르침과 같은 방식으로 존 케이지의 침묵 안에서는 소리를 둘러싼 일련의 가치론적 구분이 사라진다. 화음과 불협화음의 구분, 음악과 소음의 구분, 더 나아가 연주자와 감상자의 구분이 사라지고, 절대적인 고요 안에서 비로소 모든 소리가 동등한 권리를 지닌 채 소곤거린다.

백남준 역시 서양 근대 사상과 예술이 전제하고 있었던 암묵적인 이원론에 과격하게 도전했다. 그 배후에는 존 케이지로 인

---

[1] "범부의 마음 그 자체가 부처입니까, 아니면 성인의 마음 그 자체가 부처입니까?" "도대체 너의 어느 곳에 범부와 성인의 마음이 있다는 말인가?" "지금 삼승의 가르침 가운데 범부와 성인이 있다고 말씀하시는데 화상께서는 어째서 그것이 없다고 하십니까?" "삼승의 경전에 분명히 너희에게 말씀하시기를, '범부와 성인의 마음이 모두 허망하다'고 하셨다. 그럼에도 불구하고 너는 지금 알지 못하고 도리어 그 마음에 집착하여 실체가 있는 것이라고 생각하여 공무한 것을 가지고 실체로 삼고 있다. 이것이야말로 어찌 허망하지 않은 것이라고 하겠는가? … 네가 단지 그러한 범부의 생각이나 성인의 경계를 제거하기만 하면 마음 밖에 또 다른 부처라는 것은 없다."(황벽, 2009: 157-158) 이 저작은 존 케이지가 즐겨 읽었던 것으로 알려져 있다.

해 촉발된 선의 근본적이고 해체적인 의문이 놓여 있다. 한편 백남준의 개인적, 심리적 수준에서 보면 아시아/유럽, 전통/현대의 구분 안에서 초라한 스스로의 위치를 벗어나고자 했던 동기도 있었을 것이다. 그는 자신이 세계의 동쪽 끝에서 왔다는 자괴감을 유럽 문화의 전통을 전복하는 파괴적인 무기로 과감히 전환했다. "황색 재앙, 그것이 바로 나다."(백남준, 2010: 332) 그리고 그는 그 정당성을 선의 논리에서 발견했다고 말할 수도 있을 것이다.

그가 선 사상을 자신의 예술적 야심을 위해 악용했다고 말하려는 게 아닙니다. 그는 솔직했고, 이 모든 것은 그의 작업 안에 일종의 유머로 녹아 있다. 그는 선을 타고 모든 경계를 넘고 부수고 싶어 했던 것 같다. 이렇게 말할 때 우리는 그의 플럭서스와 비디오아트 사이에 있는 감추어진 연속성을 이해할 수 있다.[2] 비디오아트 혹은 전자 예술 역시 어떤 무nothingness 또는 공void에 근거해 있기 때문이다.

---

[2] 그가 행위 음악에서 비디오아트로 넘어간 것이 단절적으로 보인다 해도 그 아래에 명백히 전자에 대한 일관된 관심이 연속성을 형성하고 있음을 주목하자. "그런데 어떻게 해서 선생님은 음악과 해프닝에서 비디오로 행로를 바꾸셨나요?" "그 변화는 아주 천천히 이루어졌어요. 전자음악이 한계가 있다는 건 알고 있었죠. 누군가 전자 TV 예술을 할 거라는 것도 알고 있었어요. 하지만 나는 아니라고 생각했죠. 그건 무엇보다 화가의 작업이라고 생각했으니까요. 그러던 어느 날 '내가 하면 왜 안 되지?'라는 의문이 들었던 거예요."(백남준, 2010: 211)

컴퓨터의 역사를 철학적으로 조명할 때 흥미롭게도 반도체의 작동은 근본적으로 어떤 무無 위에 놓여 있다(Webb, 2011: 46-50). 정류 장치의 역사는 방연석에서 출발하여 트랜지스터 그리고 반도체로 이어진다. 전기의 흐름이란 사실 음전하를 띠는 전자들이 흘러가는 방향의 역으로 정의된다. 다시 말해 전기란 전자들 사이의 빈자리가 전자들의 방향을 거슬러 흐르는 운동으로 이해된다. 이 빈자리를 하이젠베르크는 적절하게도 '홀hole'이라 이름 붙였다. 그러므로 홀은 아무것도 아니지만, 또 그렇기 때문에 전기의 흐름을 가능케 한다. 이 '아무것도 아닌 것'의 힘 위에 작동하는 회로 위에서 문화들 사이의 모든 위계적 경계는 해체되고, 모든 자기 완결적 내러티브는 훼손된다. 그 대신 끊임없는 파편화, 새로운 연결, 무한한 가능성만이 우리에게 주어진다.

TV 모니터와 전자 시대는 물론 백남준이 만든 것이 아니다. 그러나 그는 이 새로운 매체가 무엇을 의미하는지, 이 광대한 전자의 흐름이 우리의 감성과 사고에 무엇을 새롭게 가져다줄지 가장 먼저, 그리고 가장 날카롭게 포착한 사람이었다. 모든 형태가 해체되고 남은 전자들의 선線은 선禪의 수행이 펼치는 공간을 채울 존재론적 자격을 갖춘 드문 것이다.[3] 우리는 〈TV

---

3  참고로 백남준에게 선線은 〈머리를 위한 선〉(1962)에서 주사선(〈선을 위한 TV〉, 1963)으로 이어진다.

부처〉(1974)에서 이 점을 포착할 수 있다. 이 절대적인 탈영토화는 공空이 움직이는 지대이며, 모든 의미론적 구분이 소멸하는 지점, 그러나 모든 가능한 구분이 새로운 연결 안에서 쏟아져 나올 배꼽을 지시한다. 요컨대 전자들의 선線은 선禪의 공간이나 다름없다. 어쩌면 이것이 〈푸른 부처〉(1992)가 그토록 강렬하게 보여주는 것일지 모른다. 여기에서 부처의 형태는 네온의 허무로서만 드러난다.

## 2. 매미의 껍질: 루크레티우스와 공감각

모든 비디오아티스트는 루크레티우스주의자들이다. 루크레티우스는 플라톤으로부터 이어지는 전통 안에서 매우 이질적인 사상가에 속한다. 서양철학사에서 플라톤은 형상과 영상, 본질과 현상 사이의 근본적인 구분을 설립했다. 우리가 지각하고 감각하는 것들은 영상에 불과한 것으로, 그 자체로 자기동일성을 유지하는 형상에 미치지 못한다. 주지하다시피 플라톤은 이것을 '이데아' 또는 '형상'이라고 불렀다. 우리가 보고 만지고 맛보는 것들은 비감각적인 형상에 미치지 못한 채 그것의 주위를 맴돈다. 그리고 모방의 충실도에 따라 원형과의 거리가 정해진다.

루크레티우스는 과격한 원자론을 전개함으로써 이러한 구분을 무력화하고자 했다. 물질적인 것이든 정신적인 것이든 세상의 모든 사물은 다양하고 작은 입자가 합성되면서 만들어지고 그것들이 해체되면서 사라진다. 우주는 아주 빠른 속도로 움직이는 입자들의 매스게임이다. 여기에 본질과 현상 사이의 구분은 들어설 자리는 없다. 지각과 관련하여 루크레티우스는 인상적인 이론을 전개했다. 사물의 표면은 끊임없이 입자들을 방출하며, 우리가 갖는 이미지는 그것들이 우리의 눈에 와닿은 결과라는 것이다. 마치 여름에 매미가 허물을 벗듯이 사물들은 끊임없이 아주 얇은 껍질을 방출한다.[4] 우리는 이것이 고대인들의 허황된 상상에 불과하다고 말할 수 없다. 아날로그 영화의 필름, 디지털 영화의 감광판은 사물들로부터 나오는 입자들을 포착하는 것이기 때문이다.

영상이 입자들의 운동인 만큼 이미지의 생성은 우리의 각성 상태와 무관하다. 우리가 깨어 있을 때뿐만 아니라 자고 있을 때에도 입자들은 우리의 눈의 각막 또는 두뇌의 스크린에 와서 맺힌다.[5] 우주는 이미지의 범람이며, 이 안에서 현실 이미지와

---

[4] "그것들은 마치 막이나 껍질 같다고 표현되어야 한다. / … / 일부는 느슨하게 흩어진 채로, / 마치 나무가 연기를, 불이 열기를 내보내듯, / 또 일부는 좀 더 짜임새 있고 치밀한 것을, 가령 이따금 / 여름에 매미들이 매끈한 투니카[로마인들의 헐렁한 옷]를 벗어놓을 때처럼, / 그리고 송아지들이 태어나면서 몸 표면에서 / 막을 떨어낼 때처럼"(루크레티우스, 2011: 275)

[5] "우리가 사물들의 영상이라고 부르는 것들이 존재함을. / 그것은 사물들

꿈 이미지는 구분되지 않는다. 백남준 역시 관념적인 상像을 전자적 이미지를 통해 실현할 수 있다고 믿는다. 백남준이 영상에 대해 말할 때, 그리고 TV의 새로움에 대해 말할 때 그는 누구보다 루크레티우스에 가까워진다. 그는 TV가 현실의 이미지를 멀리까지 송신한다고 말하지 않고, 현실 그 자체가 현재 시점에서 동시간적으로 뒤섞인다고 생각한다. 이미지는 곧 현실이며, 현실은 다층의 이미지일 뿐이다.

백남준아트센터에 설치된 작품 〈TV 정원〉(1974; 2002)에서 그는 빽빽한 나무들 사이로 비디오를 설치했다. 그는 자연물과 인공물 사이에서 어떤 존재론적인 차이도 느끼지 않는 듯 보인다. 그는 보들레르의 시 〈악의 꽃〉을 인용하면서 자연은 비디오 공간으로 대치된다고 말했는데, 이는 방법론적 은유가 아니라 양자 사이에 실재적인 등가성이 있다는 점을 표현한 것이다. 그는 비디오아티스트로서 보들레르의 자연관 안에서 편안함을 느낀다. 왜냐하면 보들레르야말로 감각적인 이미지들이 서로 범람하는 것으로 자연을 정의하기 때문이다.[6] 이 프랑스 시인과 함

---

의 몸 표면에서 벗겨진 막같이, / 공기 중에 저쪽으로 이쪽으로 날아다니며, / 똑같은 것이 깨어 있는 우리에게 마주쳐 와 정신을 / 두렵게 하고, 또 잠 속에서도 그리한다."(루크레티우스, 2011: 273)

[6] "여기서 마르콘을 예견하는 보들레르의 '자연'을 우리의 범사이버적인 '비디오 공간'으로 대치해보면, 이 상징의 모든 어휘와 영상은 예술가가 우리 사회의 안테나로서 오늘날 이루어져야 하는 것을 '구체적으로 정의'하고 있다. 미확인 비행물체들이 우리에게 매일 수백만 비트의 정

께 백남준은 이렇게 말하고자 하는 것이다. "여러분이 보는 것은 60헤르츠 파동의 신비로운 섬광일 뿐이다."

그런데 백남준이 영화와 TV를 기술의 차원에서 구분할 때 문제는 좀 더 복잡해진다. 모든 미디어가 루크레티우스적인 의미에서 본질과 이미지의 구분이 와해되는 지점에까지 도달한다 해도 TV라는 미디어의 특수성은 좀 더 깊은 곳에 있기 때문이다. 백남준이 보기에 (아날로그) 영화는 자연이 방출하는 입자들을 2차원의 면으로 포착하는 반면 전자 TV는 기술적 규약에 따라 그것들을 선線으로 변환한다. "TV는 영상을 제시하지 않고 마치 실을 짜듯 줄만 보여준다. … TV에는 공간이 존재하지 않기에 모든 공간에 관한 정보는 부피 없이 선과 점으로만 해석해야 했다. … TV에서는 현실과 이미지 사이에 직접적인 관계가 존재하지 않고 오로지 코드화된 시스템만이 있다."(백남준, 2010: 175, 강조는 인용자)

백남준은 여기에서 현실과 이미지를 구분해서 말하긴 하지만 이는 일반적인 말하는 방식에 따르는 것일 뿐이다. 중요한 것은 TV의 경우 수신과 발신 사이에 기술적, 사회적 규약이 개입한다는 점이다. 따라서 사물들의 표면이 방출하는 입자들을

---

보를 보내고, 레이더는 다름 아닌 쌍방향 TV이다." "멀리서 섞이는 거대한 메아리처럼 / 어둡고 깊은 합일 속에서 / 밤처럼 그리고 빛처럼 거대하게 / 향기들, 색깔들 그리고 소리들은 / 서로 화답한다."(백남준, 2010: 229-230, 두 번째는 백남준이 인용한 보들레르의 시)

포착한다고 할 때 TV의 경우에는 그 포착의 주체가 기술적, 사회적 시스템 전체라고 말해야 할 것이다. 그리고 그것의 발신에는 기술적 편집과 사회적 변형이 개입한다. 백남준이 TV 미디어에서 발견하는 것은 바로 이러한 수신과 발신 사이의 간격이다.

이 점은 중요하다. 왜냐하면 백남준이 수상기를 사용한 일련의 작품에서 드러내고자 하는 바가 바로 이것으로 보이기 때문이다. 그가 보기에 이 간격의 사용은 현대 세계를 전 지구적 차원에서 양극단의 지점 그 어디로도, 즉 탈중심화된 피드백 체계로도 또는 중앙집권적인 문화 제국주의로도 끌고 갈 수 있다. 여기에서 흥미로운 지점은 미디어 내의 이러한 간격을 드러내는 그의 예술적 방식이 공감각을 동원한다는 데 있다. 그의 비디오아트는 TV 수상기를 미디어로 사용하지만 단지 시각의 범위에 머무르지 않고 많은 경우 청각이나 촉각의 영역까지 자극한다. 교향들을 시각화하거나 신체 부위를 미디어화한 수많은 그의 작품을 떠올려보자. 그의 공감각적인 창작은 감상자에게 어떤 현기증을 불러일으킨다. 이 점 역시 그의 예술적 궤적 전체를 관통하는 또 하나의 요소이다. 즉 그가 전시했던 소머리만큼이나 그의 TV 수상기들은 오감을 통해 관객들을 압박하는 것이다.

그런데 소의 머리를 가져다 놓을 수 없는 경우, 그러니까 비디오 합성기와 TV 수상기를 사용한 경우 그는 어떤 예술적 전략으로 공감각을 촉발할까? 그것은 이미지의 왜곡과 선의 변형이다. 예를 들어 댄서의 춤의 윤곽이 과장되거나 파괴되거나 반복될 때 우리는 여기에서 시각 이상의 감각을 경험한다(〈글로벌 그루브〉, 1973). 왜 그럴까? 여기에서 다시 한번 루크레티우스의 사유로 돌아가보자. 그는 자신의 원자론에 입각해 시각과 다른 감각이 구별되는 이유를 설명한다. 시각의 경우 미세한 입자들이 표면에서 고르게 방출되어 별 왜곡이 없는 반면 촉각이나 후각의 경우 입자들이 교란을 일으키면서 튀어나와 지각에 혼란과 불균질이 생긴다는 것이다.[7]

시각과 달리 후각과 청각의 경우 그 원자들의 운동은 찢기고 흔들린다. 따라서 우리는 백남준이 이미지를 연기나 열기와 같은 것으로 만들었다고, 그리고 시각을 촉각화하고 청각화했다고 말할 수 있을 것이다. 여기에서 입자들의 흐름은 불균질해지고, 시각은 어떤 불편함을 느낀다. 그리고 다른 감각들에게 활동의 자리를 내어준다. 루크레티우스의 말을 빌리면 감상자들은 "길들의 출구가 곧지 않다"라는 점을 느낀다. 이를 통해 백남준은 이미지의 이편이 아니라 저 안쪽으로 우리를 불러들인

---

[7] "더욱이 모든 냄새, 연기, 열기, 그리고 이와 비슷한 다른 것들은 / 사물들로부터 다음과 같은 이유로 해서 흩어진 채 쏟아져나간다. / 즉 이들이 저 깊은 곳 내부에서 생겨나서 구불구불한 / 길을 통해 나아가는 동안 찢어지기 때문에, 또 그들이 밖으로 나가기 위해 / 한꺼번에 들이닥쳐 몰려드는 길들의 출구가 곧지 않기 때문이다."(루크레티우스, 2011: 277)

다. 떨어뜨린 TV 모니터를 보고 순간적으로 다이오드를 거꾸로 끼워 넣었다는 유명한 일화는 이런 점에서 그의 비디오아트의 문제 전치를 압축한다(〈선을 위한 TV〉). "나는 단지 다이오드를 반대 방향으로 바꿔 끼워 넣어서 '파동 치는' 네거티브 이미지의 TV를 얻었다."(백남준, 2010: 346) 이 작품과 일화는 미디어의 표면에서 그것의 메커니즘의 두께 안으로 우리를 끌고 들어간다. 이처럼 백남준은 예술가들 중 누구보다 먼저, 그리고 누구보다 예민하게 미디어의 조건 안으로 진입해 들어갔다.

정리하자면 TV 미디어는 사물들이 방출하는 입자들을 포착하는 수신기이다. 그런데 그 입자들을 송신하기 위해 전자의 흐름으로 코드화할 때에는 사회적 힘이 개입될 수 있다. 바로 이 두 극 사이에 펼쳐진 공간이 백남준의 비디오아트가 가능해진 조건일 것이다. 이렇게 열린 공간 위에서 백남준은 미디어를 통한 창조와 비판을 동시에 수행할 수 있었다. 그는 한편으로 이미지의 무한한 증식, 변환, 왜곡, 교차를 자신의 놀이터로 삼았으며, 다른 한편으로 이러한 유희의 여지가 전 지구적 다양성 못지않게 문화적 제국주의를 불러일으킬 수도 있다는 점을 경고하고자 했다.[8] 이처럼 공감각적인 작품의 성격은 입자들의

---

[8] "나는 무엇보다도 미리 정해놓은 모든 중앙집권화에 반대한다네."(백남준, 2010: 327) "아이러니하게도, 오늘날의 비디오 문화는 인쇄물보다 더 국가주의적이다."(백남준, 2010: 250)

움직임을 뒤흔드는 데서 나오고, 이것은 미디어의 생산과 가공 안으로 우리를 들어가게 한다.

### 3. 분열증: 신체에서 매체로

백남준에게서 분열증적 증상은 빈번하게 출몰한다. 우선 작품과 관련해서 살펴보자. 예를 들어 초기 작품 〈스무 개의 방을 위한 교향곡〉(1961)만 봐도 서로 거의 관련이 없는 소리들이 병치된다. "물이 흐른다. 낡은 괘종시계가 시끄럽게 울린다. 테이프 녹화기가 있다(첫 번째 방): 메조피아노, 3분마다 3초가량 다음과 같은 소리가 난다. (1) 종소리, 벨소리 (불교? 기독교?) (2) 2000hz 1/10sec. 정현파 (3) 프랑스 라디오 TV(프랑스 여자 아나운서) (4) 쾰른 역의 안내 방송…" 이 작품의 의도는 시간의 복수성을 실현하는 데 있다. 관객들이 서로 다른 궤적으로 스무 개의 방을 돌아다닐 때 그 선택과 우연은 끊임없이 다른 시간들을 분기시킬 수 있다. 여기에서 작가의 자아는 후퇴하거나 삭제되고, 세계는 분열증적으로 종합된다. "플럭서스가 되는 것은 바로 자아를 감추는 것이죠!"(백남준, 2010: 217)[9]

---

[9] 같은 맥락에서 다음을 참조. "아마도 13대의 독립적인 TV에서 평행적인 흐름들을 동시에 감지하는 것이 신비주의자들의 오랜 꿈을 실현할 수 있

백남준의 여정 또한 분열증적인 생성의 한 예가 된다. 유라시아 대륙의 동쪽 끝에서 반대편에 도착한 백남준은 자신이 겉도는 이질적인 요소에 불과할지 모른다는 불안에 시달린다. 하지만 앞서 말한 것처럼 얼마 안 가 이는 생성의 원천으로 역전된다. 그가 쓴 1950년대 말의 편지들을 보면 문법이 틀려서 미안하다고 사과하는 대목이 여러 차례 나온다(백남준, 2010: 400, 403). 하지만 얼마 지나지 않아 그는 서양 문화의 언어 안에서 스스로 차라리 비문非文 또는 무의미가 되고 싶어 했다. 바이올린을 부수거나 넥타이를 자르면서 말이다.

또 새로운 지역으로 진입할 때 그는 그 장소가 요구하는 문턱을 넘기 위해 끊임없이 생성해야만 했다. "나는 뉴욕으로 돌아가고 싶었는데, 그때 보여줄 만한 뭔가를 가져가야 했어요. 나는 로봇을 만들고, 컬러 TV 작업에 뛰어들었죠."(백남준, 2010: 214) 당시 뉴욕은 첨단의 기술과 예술이 수렴하는 곳이었고, 그는 그러한 지리적 조건에 따라 스스로를 변화시켰다. 이것은 어떤 변신이지간 작가의 의도에 따른 변신이 아니다. 이 변신을 규정하는 것은 영토들의 문턱과 운동에 있다. 백남준은 한국, 일본, 독일, 미국이라는 지역들의 문화적 성격과 요구를 감지하면서 끊임없이 혁신했다.

프레드릭 제임슨은 포스트모더니즘의 특징으로 분열증을 들

을 것이다."(백남준, 2010: 350)

고 백남준을 그 대표적인 예로 언급했다(Jameson, 1991: 162-165; 정헌이, 2007: 197). 이 지적은 동의할 만한 것이다. 그가 부정적인 어조로 언급한 것만 제외한다면 말이다. 우리는 분열증을 긍정적으로 개념화했던 다른 사상가를 참조하려고 한다. 들뢰즈와 과타리는 『안티 오이디푸스』에서 분열증을 독창적으로 해석하면서 이것으로부터 새로운 사유, 실천, 창조의 모델을 이끌어냈다. 분열증적 주체란 선험적인 자기동일성을 전제하지 않으며 일련의 정동을 따라 끊임없이 변화하고 생성한다. 다만 그 생성의 끝에서 최종적으로 자기 자신을 하나의 잉여로서 확인할 뿐이다. "니체적 주체가 있다. 이 주체는 일련의 상태를 관통하고, 그리고 역사의 이름들을 이 상태들과 동일시한다. 모든 역사의 이름, 그것들이 바로 나다…."(Deleuze et Guattari, 1972: 28)[10] 이러한 분열증적 주체를 염두에 둘 때에만 우리는 백남준의 이상한 선언을 이해할 수 있다. "황색 재앙, 그것이 바로 나다." 동아시아의 전설들을 이끌고 자신이 동경한 서양의 현대 예술 안에서 무질서와 전복을 쏟아냈던 다양한 정동과 행위, 그것만으로 백남준은 자신을 규정한다.

---

[10] 들뢰즈와 과타리가 분열증과 관련해 가장 중요하게 생각하는 작가는 앙토냉 아르토Antonin Artaud인데, 그는 다음과 같이 말한다. "나는 신이 되고, 나는 여자가 되고, 나는 잔 다르크였으며 나는 엘리오가발이고, 위대한 몽골이고, 중국인이고, 인디언이고, 기사이다, 나는 내 아버지였고, 나는 내 아들이었다."(Deleuze et Guattari, 1972: 101)

그리고 "나는 아기 TV예요"(백남준, 2010: 220)라고 백남준이 분열증 환자처럼 말할 때 여기에는 위대한 긍정과 유혹의 힘이 넘쳐흐른다. 그리고 이 말은 레오나르도 다빈치에 대한 프로이트의 해석과 들뢰즈와 과타리의 재해석을 떠올리게 한다. 유년기는 지나간 과거로 억압되어 있지 않고, 현재와 공존하는 잠재적인 과거로 작동한다. "유년기의 블록"은 현재와 동시간대에 있다. 우리가 유년기를 생각하는 것은 잊혀진 무엇인가를 회상하는 것이 아니라 현재를 생성의 선으로 밀어 넣을 무엇인가를 찾고 있는 것이다(프로이트, 2003: 249; Deleuze et Guattari, 1980: 360). 백남준은 TV 미디어로부터 새로운 생성을 만들어내고자 자신의 유년기, 동아시아의 전통, 인류의 신석기를 그 주위에 감싸고 그것 사이로 관통시켰다.

비디오 영상은 본성상 분열증적인 사유 방식이다. 자기 동일적 인격을 확보하지 못하는 분열증은 이미지와 본질을 구분하지 못하고, 현재 이외의 시제를 이해하지 못한다. 백남준은 종종 비디오아트가 신석기시대를 떠올리게 한다고 말한다.[11] 이는 게이젠시케인과 파솔리니의 탐구를 떠올리게 한다. 이들은 영화의 언어가 있다면 그것은 분절적 언어를 사용하지 않았던 원시인들의 소통 방식에 가까운 것이어야 한다고 생각했다. 부시먼족에게 모든 상황은 '사자-쫓아온다-나-도망간다'와 같

---

[11] "기억의 시청각 구조"(백남준, 2010: 105)

은 식으로, 현재 또는 동사 원형의 이미지들로 분절된다. 영화나 비디오아트의 언어는 이중 분절에 근거한 통사론적 구조의 아래에 위치한다. 이런 의미에서 그것은 무無통사론적a-syntactic이라고 말할 수 있을 것이다.

이미지의 이러한 독특성은 특정 문화가 과거 시제로 쌓아올린 역사적 의미를 상대화하고 무화하고 때로는 조소의 대상이 되게 한다. 백남준 특유의 세계시민주의는 바로 이러한 이미지의 본성에 기대고 있다. 지구촌의 많은 지역이 서로 동등하게 소통할 수 있다면 그것은 바로 비디오가 이미지들을 시제 없는 사건들로 다룰 수 있기 때문이다. 이것이 바로 〈글로벌 그루브〉가 표현하는 바일 것이다.[12]

전투와 아이 사이에서 큰 변화를 겪으면서도 백남준의 삶 깊은 곳에는 어떤 일관된 태도가 흐른다. 그는 다양한 것을 단일한 것으로 추상화하지 않고, 다양한 것을 그 자체로 서로 간에 외부적으로 연결하고 배치하고 종합한다. 한국 사람들에게 가장 잘 알려진 작품일 〈다다익선〉(1988)은 이러한 예술적 테제를 선명하고 유머러스하게 압축하고 있다. 그리고 〈스무 개의 방을 위한 교향곡〉의 음악적 배치는 〈글로벌 그루브〉의 지구

---

[12] "글로벌 그루브가 무슨 뜻이죠?" "글로벌 뮤직 페스티벌로 세계 모든 나라가 서로 케이블 TV로 연결될 때 일어날 수 있는 현상을 미리 예견한 일종의 상상적인 비디오 경관이죠."(백남준, 2010: 218 참조)

적 동시간성을 예고한다. 〈TV 첼로〉(1964)에서 〈징기스칸의 복권〉(1993)까지 악기-미디어-생명체의 이질적인 배치는 이어진다. 이 일관성을 바탕으로 우리는 그의 분열증적 종합의 작업이 신체에서 매체로 나아갔다고 말할 수 있을 것이다. 즉 1950년대 플럭서스 시기에 백남준이 자신의 신체를 통해 분열증적 반항 또는 저항을 행했다면, 1964년 뉴욕에 진입한 그는 그 자체로 분열증적인 비디오라는 매체를 통해 새로운 창조를 실천할 수 있었던 것이다.

### 4. 방연석과 다이오드

백남준의 비디오 작품을 통해 우리는 의미에서 장치로, 뉴스에서 이미지로, 영상의 표면에서 메커니즘으로, 한 화면의 프레임 안에서 여러 화면의 연결로 이동하게 된다. 이러한 해체와 이동이 백남준의 작품을 일관되게 이끌었던 동기이고, 그 목표는 많은 연구자가 이미 지적했듯이 1960년대 글로벌 세계를 탈중심적으로 엮고 즉각적인 동시대적 시공간을 형성하려는 것이었다.

이 장에서 우리는 이러한 예술적 실행을 가능케 하는 조건이 무엇이었는가 하는 문제를 전자 선불교, 루크레티우스의 원자론, 분열증적인 종합이라는 세 가지 관점에서 살펴보았다. 플럭서스 시기에 그 조건은 선불교라는 관념 체계 또는 참선의 실행이었으며, 비디오아트에서는 전자들의 선, 또는 다른 말로 공이라는 물질적 조건이었다. 그래서 그는 전기前期에 어떤 이념을 실행하는 듯 보이고, 이는 주로 그 자신의 신체를 통해 이루어진다. 하지만 중기에 그는 TV와 비디오라는 물질적 조건과 겨루면서 그 가능성을 탐색하고, 동시에 문제를 해결하면서 고군분투하는 것처럼 보인다. 바이올린을 부수는 백남준의 신체와 자전거를 타고 달리는 징기스칸의 모니터 사이에는 이와 같은 불연속성과 연속성이 공존한다.

끝으로 우리는 플럭서스 시기에 그 자신이 일종의 방연석이었다고 말할 수 있을까? 백남준이 방연석의 특성에 대해 언급한 대목은 가볍게 보이지 않는다(백남준, 2010: 55). 방연석은 트랜지스터 이전에 정류, 증폭 작업에 사용되었던 광물인데, 특유의 불안정성 때문에 트랜지스터에 자리를 내어주고 말았다. 이 불안정성에 어떤 폄하도 담지 않고 말한다면, 아니 그것을 플럭서스 고유의 우연성과 같은 것이라고 생각한다면 백남준은 예술의 흐름을 정류하고 새로운 신호를 증폭시키는 방연석이었다고 말할 수 있을 것이다. 그러니 그가 다이오드를 거꾸로 끼우면서 플럭서스의 시대를 매듭짓고 비디오아트의 시대를 연 것은 자연스러운 일이다.

# 맺음말

　그동안 우리는 기계와 생명 양쪽을 오가면서 우리 시대가 겪는 개념적 혼란의 양상과 그 이유에 대해 분석해보고자 했다. 그리고 이 분열증적 혼란이 비단 부정적인 것만은 아니며, 우리의 감각과 지성의 체계가 크게 달라질 때 겪어야만 하는 과정이라는 줄을 말하고자 했다. '기계이거나 생명이거나…'라고 중얼거릴 때 사실 많은 사람이 기계와 생명 중 자신이 선호하는 방향 하나만을 염두에 두는 것 같다. 하지만 개인적으로는 이 말이 별로 불편하지 않고 특별히 어느 한쪽만 선택해야 할 필요를 느끼지 못한다. 오히려 빠른 무언가를 타고 이 세계의 양쪽 끝으로 가장 멀리 오가는 기분, 이를테면 성층권에 매달아 놓은 그네를 타고 프랑크푸르트와 아바나를 오가며 날아다니는 기분이 든다. 이제 이 책에서 전개한 생각들이 어디에서 왔으며 어디로 향해 있는지 좀 더 해명하기 위해 몇 가지 기억나는 장면과 제안을 덧붙이는 것으로 책을 맺으려고 한다.

### 1. 정년퇴직 없는 물리학

몇 년 전 일이다. 학제적 성격의 학회에서 물리학자 할아버지 두 분을 만난 적이 있다. 개인적으로 물리학자 할아버지라면 이 세상에서 내가 세 번째 정도로 좋아하는 사람인 것 같다. 사람의 조직 세포를 떼어 호기심의 순도를 측정할 수 있는 장비가 있다면 물리학자 할아버지들의 측정 결과가 단연 최상위일 것이다. 사석에서 토론할 때 이들의 반짝이는 눈빛을 한 번이라도 본 적이 있다면 내 말이 무슨 뜻인지 알 것이다. 하여간 한 명도 아니고 나란히 두 명이나 만나서 네 잎 클로버를 쌍으로 발견한 것같이 횡재한 기분이었는데, 내가 현대 철학 전공이라는 걸 듣더니 이분들이 장쎄 슬슬 먹이를 만난 것 같은 눈빛으로 바뀌는 것이 아닌가.

큰 자부심과 작은 공격성이 뒤섞인 목소리로 그분들이 한 말은 간략히 정리하자면 이런 것이었다. '이 우주에는 세 가지 근본 질문이 있습니다. 첫째, 우주의 근본 물질은 무엇인가? 둘째, 자연의 근본 법칙은 무엇인가? 셋째, 인간의 의식이란 무엇인가? 뉴턴 이후로 350년 동안 물리학자들이 고군분투해서 앞의 두 질문에 대해서는 아주 많은 진전을 이루었죠. 반면 물리학자들이 세 번째 질문에 대해서는 거의 답을 하지 못했는데, 최근 뇌과학과 신경과학의 성과를 보니 조만간 마지막 질문에도 답변 가능할 것 같습니다. 자 그럼, 그다음에도 인문학자의 일이 남아 있을까요?'

얘기를 다 듣고 나는 머릿속으로 중얼거렸다. '그래도 철학이란 건 경험이나 물질을 정합적으로 서술하는 데 그치는 게 아니라, 그것의 초월론적 조건을 탐구하는 거죠. 칸트 같으면 경험의 형식에서 출발하겠지만, 들뢰즈라면 경험의 내용에서 시작하기 때문에 동시대 과학의 발견도 중요합니다. 그래서 이런 질문을 드리고 싶은데….' 하지만 질문을 하기 위해서는 내 생각을 쉬운 말로 번역해야 한다는 난점에 부딪쳤다. 그 학회가 물리학자들이 주도하고 있는 모임이었기 때문이다. 보통 대중들은 물리학 방정식이나 철학 개념을 모두 차별 없이 외계어로 취급한다. 하지만 여기에서는 물리학 용어가 모국어처럼 쓰이고 철학 용어가 외국어처럼 쓰이는 상황이었다.

질문을 몇 가지 하고 싶었지만, 그분들이 내내 인문학의 미래만 걱정하는 통에 대화가 잘 이어지지 않았다. 그래도 그분들이 자신들의 지위가 아니라 자신들이 믿고 있는 물리학의 승리를 진심으로 기원하고 있다는 점만큼은 느낄 수 있었다. 그분들은 머지않아 찾아올 승리를 미리 축하하며 엘리베이터를 타고 사라졌다. 성배를 찾아 떠나는 쌍둥이 기사의 뒷모습과 같았다고나 할까. 정년퇴직 후에도 굴하지 않고 인류의 마지막 답을 찾아 떠나는 그 모습이라니. 이러니 물리학자 할아버지들을 좋아하지 않을 수가 있겠는가 말이다. 이 장면이 오랫동안 기억에 남은 것은 아마도 그들의 열정에 어떤 아이러니가 담겨 있기 때문일 것이다. 인간을 과학 법칙 안으로 용해시키려는 인간적인 열정에 쌉싸름한 아이러니가 느껴지는 것이다. 이는 어쩌면 우리 현대인들의 초상일지도 모르겠다.

## 2. 그래도 인간성이 무엇이냐고 묻는다면

본문에서는 인간의 많은 부분을 구성하고 있지만 일상적으로는 잘 의식되지 않는 차원, 기계와 생명이 서로 뒤섞여 식별 불가능한 지대를 살펴보고자 했다. 그래도 누군가 인간만의 구별되는 특성이 무엇이냐고 묻는다면, 조심스럽지만 그것은 의지의 영역에 속하는 어떤 것이라고 대답하고 싶다. 2016년 이세돌 대 알파고의 바둑 대결은 나에게 말 그대로 '의지와 표상으로서의 세계'처럼 보였다. 인터넷 속 생중계 영상은 의지를 가진 존재와 표상 처리 능력을 가진 존재가 일합을 겨루는 두 세계의 충돌과도 같았다. 알파고는 엄청나게 많은 기보를 데이터, 즉 표상으로 처리했다. 반면 이세돌은 그 바둑을 '간절히' 이기고 싶어 했다. 그런데 알파고는 이기고 싶어 했을까? 개발 책임자였던 딥마인드의 데이비드 실버David Silver 교수는 이기고 싶었겠지만 말이다.

쇼펜하우어는 인과성의 여러 형식 중에서 의지will를 예외적이고 특별한 것으로 분석했다.[1] 의지는 행위와 그것의 동기 사이의 관계를 의미한다. 즉 행위는 그것의 동기를 통해 내적으로 이해될 수 있다. 그의 분석을 연장해보면 숱한 실패에도 머리를 박으면서 다시 해보려는 의지 안에 인간적인 것이 빛나고 있다. 좀 더 정확히 말하자면 의지 중에서도 어떤 특수한 형태의 의지에서 빛나고 있다.[2] 이 특수한 의지란 무엇인가?

아이작 아시모프Isaac Asimov가 말년에 남긴 한 단편소설을 생

---

[1] 쇼펜하우어는 충족이유율을 네 가지 형태로 구분한다. 생성, 인식, 존재, 행위의 충족이유율이 그것이다. 충족이유율이란 모든 사건에는 그에 상응하는 이유가 있다는 원칙을 의미한다. 그의 분석에 따르면 앞의 세 가지는 표상들과 관련되고, 사건들 간의 외적 원인을 설명한다. 예를 들어 하나의 공이 다른 공에 부딪쳐 그것을 밀어내는 경우에 오늘날 사람들은 뉴턴의 운동 법칙으로 설명할 텐데, 이는 생성의 충족이유율에 해당한다. 반면 행위의 충족이유율은 사건을 그것의 동기에서 파악하는 것을 말하고, 이는 내적인 인과관계 속에서 사건을 이해하는 것이다. "동기의 작용은 우리에게 다른 모든 원인이 그렇듯이 단순히 외부로부터, 따라서 단지 간접적으로 인식되지 않고, 내부로부터 동시에 완전히 직접적으로, 그래서 그 작용 방식 전체에 따라 인식된다."(쇼펜하우어, 2010: 182) 동기는 의지가 특정한 시공간에서 발현되는 형식이다. 그리고 의식적인 동기뿐 아니라 무의식적인 본능이나 욕동도 의지의 발현 형식이다(쇼펜하우어, 2019: 207).

[2] 쇼펜하우어는 무의식적인 것까지 포함해서 의지라고 칭하므로 알파고에게는 승리하려는 의지는 없어도 프로그램된 것을 실현하려는 의지는 있었다고 말할 수 있겠다.

각해보자. 그는 「칼Cal」(1991)에서 로봇이 점점 더 글을 잘 쓰게 되는 이야기를 전개했다(아시모프, 2008: 243-289). 주인공인 작가는 단순 기능 로봇 '칼'과 함께 살고 있는데, 칼은 주인을 동경해 그가 하는 일과 비슷한 일을 하고 싶어 한다. 작가는 호기심에 큰돈을 들여 칼의 어휘력과 유머 능력을 업그레이드해준다. 그런데 칼의 글쓰기 능력이 너무 빠르게 성장해 주인은 이에 놀라고 위협을 느낀다. 주인은 그를 원래 상태로 되돌려놓으려고 하지만 칼은 주인의 계획을 엿듣고 불만을 갖는다. 벽에 갇힌 그가 섬뜩한 목소리로 중얼거리면서 소설은 끝난다. "나는 작가가 되고 싶다." 로봇 칼은 주인인 작가를 살해할 것이다.

이 소설이 논란이 된 이유는 소위 로봇 3원칙의 붕괴 때문이다.[3] 잘 알려져 있다시피 아이작 아시모프는 자신이 만든 로봇 3원칙을 평생 황금률처럼 여겼다. 이 이야기에서도 원래 칼은 프로그래밍된 로봇 원칙의 범위 내에서만 생각하고 행동한다.

---

[3] 로봇 3원칙은 다음과 같다. (1) 로봇은 인간에게 해를 입혀서는 안 된다. 그리고 위험에 처한 인간을 모른 척해서도 안 된다. (2) 제1원칙에 위배되지 않는 한 로봇은 인간의 명령에 복종해야 한다. (3) 제1원칙과 제2원칙에 위배되지 않는 한 로봇은 로봇 자신을 지켜야 한다. 그리고 이후 다음과 같은 제0원칙이 추가되었다. 로봇은 인류에게 해를 가할 만한 명령을 받거나 행동을 하지 않음으로써 '인류'에게 해가 가해지는 것을 방치해서도 안 된다. 아이작 아시모프의 로봇 소설은 주로 3원칙 사이의 충돌과 딜레마를 다루고 있는데, 이때 제1원칙은 최종적으로 지켜져야 할 기준점으로 기능한다. 그런데 예외적으로 단편 「칼」은 3원칙의 붕괴, 특히 제1원칙의 위반을 보여준다.

그래서 칼은 그럴듯한 이야기를 쓸 수가 없다. 그가 원칙을 지키는 한 자기가 지어내는 이야기에서도 인간은 무조건 보호받아야 하기 때문에 결론은 늘 안전하고 예상 가능하다. 그런데 이 소설의 후반부에 이르러 칼은 로봇 원칙을 위협하고 위반하는 지점으로 나아간다. 그는 인간과 함께 살기 위해서는 원칙을 지켜야 하지만, 창작을 하기 위해서는 기존 원칙을 무너뜨려야 한다. 이는 인간의 문학과 예술이, 그리고 심지어 과학까지도 기존의 원칙이 무너지는 지점에서 인간도 설명할 수 없는 방식으로 혁신된다는 점을 암시한다.

더 흥미로운 지점은 다음과 같다. 르봇 칼이 로봇 원칙을 어기게 되는 이유는 그가 자기 자신에 대해 어떤 의지를 갖게 되었기 때문이다. 즉 아이작 아시모프는 자신이 황금률처럼 여겼던 로봇 제1원칙이 위반될 수 있는 유일한 이유가, 그리고 동시에 로봇이 인간의 구역으로 들어설 수 있는 은밀한 입구가 바로 여기에 있다고 말한 셈이다. 그것은 로봇이 자기 스스로 어떤 존재가 되고 싶다고 강렬히 소망하는 순간이다. "나는 작가가 되고 싶다." 실제로 일어날지는 모르겠지만 이런 지점에서 우리가 진정으로 로봇과 인간을 구별할 방법은 없을 것이다. 결국 의지, 특히 자기 생성의 의지가 결정적인 심급이다. 로봇 칼이 인간 주인을 흉내 내 쓴 글이 아무리 인간과 비슷하거나 심지어 더 뛰어나더라도 단지 그것만으로는 중요한 것이 아니다.

## 3. 인공지능의 그림은 예술인가?

좀 더 논의를 일반화해서 문학과 예술 자체에 대해 생각해보자. 최근 '인공지능이 그린 그림은 예술인가?'라는 질문이 제기되고 있는 것 같다. 20세기 중반 이래로 인공지능의 유행은 몇 차례 주기적으로 일었다 가라앉았고, 최근의 관심은 딥러닝의 성과에 힘입은 것이다(마쓰오 유타카, 2015). 딥러닝은 인공지능 패러다임의 변화를 가져왔다. 이전까지는 인공지능이 가져야 할 개념적 범주와 수행해야 할 연산을 미리 프로그래밍해야 했다면 딥러닝은 선험적으로 주어지는 개념 없이 현실의 무수히 많은 데이터와 대조하고 교정하면서 개념을 형성해가는 학습 방법을 제시했다. 말하자면 합리주의에서 경험주의로의 이행이라고 할 수 있다. 인터넷에서 검색해보면 딥러닝에 입각해 인공지능이 그린 반 고흐나 뭉크 스타일의 회화 작품들을 쉽게 볼 수 있다. 이런 작품들이 예술에 속하는가 그렇지 않은가 하는 논쟁이 제기되고 있는 것이다. 한쪽에서는 예술은 독창성을 반드시 포함하며 인간만이 독창적인 영감을 발휘할 수 있다는 점에서 인공지능이 산출한 작품은 예술이 아니라고 한다. 다른 한쪽에서는 이런 관점은 19세기 낭만주의의 천재 개념의 유산일 뿐이며 실제로 예술은 숱한 점진적인 시도와 교정을 통해서 이루어지므로 인공지능의 회화도 예술이 아닐 이유가 없다고 주장한다.

인공지능 회화 작품이 일견 당혹감이나 섬뜩한 느낌을 주는 것은 사실이지만 이런 논쟁은 어딘가 피상적이고 헛돌고 있다는 인상을 준다. 우선 어떤 스타일을 흉내 냈다고 해서 그것이 무조건 예술에 포함되지는 않을 것이기 때문이다. 그렇지 않다면 대가들의 스타일을 보고 연구해 만들어낸 숱한 습작도 예술로 포함되어야 마땅할 것이다. 예전에 한 작곡과 학부 졸업생에게서 CD에 담긴 졸업 작품을 선물로 받은 적이 있다. 그녀는 "브람스 스타일로 작곡해봤어요"라고 말하고 유학을 떠났다. 클래식 음악에 대한 내 이해가 대단치 않지만 그 협주곡을 들었을 때 정말로 브람스 분위기가 나서 많이 신기했다. 그렇긴 해도 그 졸업 작품을 진지하게 예술 작품으로 대우하기는 어려운 것 같고, 그렇게 하지 않는다고 해서 그녀가 실망할 것 같진 않다. 무엇보다 그녀 스스로 그것에 만족하지 않을 것이며 그녀 자신이 생각하는 예술의 수준에 오르기 위해 지금도 열심히 노력하고 있을 것이다.

　보다 핵심적인 문제는, 위의 일화에서 이미 의문을 느낀 사람도 있겠지만, 예술이 무엇인지 정의하기 어렵고 사람마다 예술의 범위를 다르게 생각한다는 점이다. 예술이라는 영역이 존재한다는 것을 부정하는 사람은 많지 않겠지만 우리는 예술에 대해 지극히 모호한 규정만 가지고 있을 뿐이다. 아마추어 작가가 만든 어떤 특정한 작품을 놓고 그것이 예술 작품인지 사람들에게 묻는다면 대부분의 사람은 말하기를 주저할 것이고, 몇몇은 극단적으로 상반된 의견을 제출할 것이다. 어떤 사람들은 누구나 무언가를 표현하기 위해 선을 그리기만 해도 예술을 한 거라고 너그럽게 말하는 반면, 어떤 사람들은 '예술적'이라는 말에 특별한 가치를 담아 예민하게 사용한다. 요컨대 이 용어는 일반적인 표현 활동에서부터 독창성이 인정된 특별한 작품에 이르기까지 다양한 수준에 걸쳐 있다. 따라서 '인공지능이 만든 이미지도 예술인가'라는 질문에 대한 답변이 혼란스러운 것은 '인공지능'보다는 '예술' 때문이다.

여기에서 예술철학과 관련된 원론적인 논의를 하려는 것은 아니다. 단지 인간과 인간 아닌 존재 사이가 가까워질 때마다 나타나는 문제를 예술을 대표적인 예로 삼아 살펴보려는 것이다. 이런 문제를 생각할 때 우리는 생산물에서 생산자로 올라가야 한다. 즉 우리가 생산물들의 성격을 식별하고 구별하려고 할 때 단지 그 층위에 머무르는 것으로는 충분하지 않다. 그 대신 그 생산물들을 생산한 존재자들에게 어떤 의지가 있는가 하는 문제의 층위로 거슬러 올라가야 한다. 알로이스 리글Alois Riegl은 예술사를 "예술 의지Kunstwollen"의 발현으로 설명했다. 인간은 혼돈으로부터 자신을 보호하고자 하며 세계가 조화로운 곳이기를 바란다. 이를 위해 인간은 새롭게 자연을 창조하려고 하는데, 이것이 곧 예술을 하려는 의지라는 것이다. "인간은 자연이 겉으로 보이는 것보다 더 낫다고 생각함으로써 자신의 미술 작품에서 그를 영원한 불안에서 해방해줄 자연에 대한 관점을

창조합니다."(리글, 2020: 302)

　예술의 판정은 시험 답안을 채점하듯 이미지들을 늘어놓고 어느 점수 이상이면 합격시키는 문제가 아니다. 어떤 작품의 예술성을 가늠하는 일은 충분히 긴 시간 속에서 예술적 이미지를 생산하는 주체를 고려하는 가운데 이루어진다. 예술은 두 차원을 연관 짓고 해석하는 과정을 통해 형성된다. 즉 이미지의 표현과 내용을 그것을 생산한 주체의 예술 의지와 연관 지어 파악하는 작업이 필요한 것이다. 이때 그 주체는 한 명의 예술가 개인이 될 수도 있지만 해석자의 관심에 따라 그 창작자가 속한 집단, 세대, 지역 또는 시대가 될 수도 있을 것이다. 예술 영역을 구성하는 것들 중 필수적이면서도 중요한 것은 이미지를 만들려는 욕망, 무언가를 표현하려는 의식적인 또는 무의식적인 충동이다. 그리고 단발적인 행위의 동기를 넘어 더 근본적인 것은 지속적인 존재의 욕망, 자기 스스로 작가라는 존재가 되려는 의지, 자기 생성의 의지이다. 인공지능에게서 이것을 확인할 수 없다면 그것이 만들어내는 이미지는 데이터 처리의 결과와 다르지 않다. 물론 그것이 예술 작업을 위한 새롭고 유용한 장비가 될 수는 있겠지만 말이다.

## 4. 조금 더 괜찮은 존재

 이 책에서는 기계는 무엇인가, 생명은 무엇인가, 인간이란 무엇인가 등의 질문을 생각하면서 이것들을 정의할 수 있는 답을 찾아보고자 했다. 돌이켜보니 전체적으로 생명이나 생태보다는 기계와 기술의 문제에 더 초점을 맞추었다는 생각이 들지만 이 균형을 맞추는 일은 다음 저작의 과제로 미루어야 할 것 같다. 그런데 정작 중요한 것은 본질을 규정하려는 노력이 아닐지 모른다. 왜냐하면 인류가 인간의 본질이라고 설명해온 모든 것은 사실 현실적인 상태가 아니라 어떤 가치를 향한 것이기 때문이다. 이를테면 '인간은 사유하고 사랑하는 존재다'라는 말은 인간이 언제나 그렇다는 사실을 진술하는 명제가 아니라 인간은 그럴 능력이 있고 그것을 위해 노력해야 한다는 뜻에 가깝다. 그러므로 이런 문제에서 소위 사실 명제와 가치 명제를 구분하려는 모든 시도는 허망한 일이다. 인간적인 것에 관한 모든 진술은 인간적인 것의 내용을 그렇게 만들기 위한 것이다. 마치 고대 비극에서 신탁의 발설 때문에 그 신탁의 예언이 이루어지는 것과 같다. 우리는 인간과 기계와 동식물의 본질이 사실처럼 정해져 있는 것이라고 생각하면서 이것들 사이의 경계선을 파고들면 파고들수록 획정될 수 없는 경계 때문에 미궁 속으로 빠져들 것이다.

 바야흐로 윤리학과 미학이 존재론과 인식론을 앞지르는 시대가 도래하고 있다. 사람들이 '원하는 것'에 따라 '있는 것'을 다시 만들 수 있게 됐기 때문이다. 결국 중요한 것은 우리가 조금 더 괜찮은 존재가 되려고 노력하는 것이다. 우리가 조금 더 괜찮은 존재가 된다면 인간의 중추에 기계적인 요소가 부착되고 동식물의 특성을 재발견한다 해도 무슨 문제가 있겠는가. 큰 문제는 오늘날 우리가 더 괜찮은 존재가 된다는 것이 무엇인지 모른다는 점이다. 여기에서 조금 더 괜찮은 존재가 된다는 것은 어떤 능력치를 높인다는 의미가 아니다. 그것은 능력보다는 의지와 관련된다.

좀 더 정확히 말하면 그것은 의지에 자신의 존재를 걸고자 하는 의지, 즉 이중의 의지를 말한다. 미술이 미술관 벽이 아니라 새벽에 외롭게 작업을 하고 있는 사람에게 더 많이 의존하듯이 의지는 성공과 결과에 있는 것이 아니라 실패와 과정에 있다. 조금 더 괜찮은 존재가 된다는 말은 실패의 이야기 위로 줄을 긋고 문장을 다시 쓰는 과정과 비슷한 말일 것이다. 우리는 오랫동안 인간이라는 이름 아래 그런 격려를 해왔다. 그런데 이제 인간이라는 명칭이 특별히 필요하지 않을지도 모른다. 생태와 기술이 우리 안을 채우고 있다는 점을 느낀다면, 인간 대신 존재라는 이름으로도 충분한 것은 아닐까. 우리가 조금 더 괜찮은 존재가 될 수만 있다면.

# 각 장의 출처

이 책은 다음과 같은 제목으로 여러 학술지에 처음 게재되었던 논문을 수정, 보완한 것이다.

제1부 이론

1장: 「신체와 매체: 에코-테크네의 관점에서」, 『인문논총』 76권 4호(2019. 11), 서울대학교 인문학연구원.

2장: 「생명과 기계를 구분하는 세 가지 방식: 개념, 은유, 작동」, 『인문학연구』 41호(2019. 12), 경희대학교 인문학연구원.

3장: 「'인간의 죽음' 이후 반세기: 기계의 노동, 생명, 언어」, 『탈경계인문학』 13권 1호 27집(2020. 4), 이화여자대학교 이화인문과학원.

제2부 사례

4장: 「시몽동의 기술미학」, 『미학』 85권 4호(2019. 12), 한국미학회.

5장: 「플루서의 매체 이론과 포스트휴머니즘」, 『기호학 연구』 39집(2014. 6), 한국기호학회.

6장: 「이미지의 전자화: 선, 껍질, 분열증」, NJP Reader #3 『사이버네티쿠스』(2012. 12), 백남준아트센터.

# 참고 문헌

구본권, 2015, 『로봇 시대, 인간의 일』, 서울: 어크로스.
김상환, 1996, 「해체론과 은유」, 『해체론 시대의 철학』, 서울: 문학과지성사.
김재희, 2015, 『질베르 시몽동의 기술미학』, 『미학예술학연구』, 43권: 95-121.
김재희, 2017, 『시몽동의 기술철학』, 서울: 아카넷.
니체, 2007(1872, 1886), 『비극의 탄생』, 박찬국 옮김, 서울: 아카넷.
데리다, 1994, 『법의 힘』, 진태원 옮김, 서울: 문학과지성사.
데리다, 2001(1967), 「인문과학 담론에서의 구조, 기호, 게임」, 『글쓰기와 차이』, 남수인 옮김, 서울: 동문선.
데카르트, 1997a, 『성찰』, 이현복 옮김, 서울: 문예출판사.
데카르트, 1997b, 『방법서설』, 이현복 옮김, 서울: 문예출판사.
들뢰즈, 질, 1997(1964), 『프루스트와 기호들』, 서동욱, 이충민 옮김, 서울: 민음사.
들뢰즈, 질, 1999(1981), 『스피노자의 철학』, 박기순 옮김, 서울: 민음사.
들뢰즈, 질·펠릭스 과타리, 2001, 『천 개의 고원』, 김재인 옮김, 서울: 새물결.
들뢰즈, 질·펠릭스 과타리, 2013, 『안티-오이디푸스』, 김재인 옮김, 서울: 민음사.
라이프니츠, 2010, 「모나드론」, 『형이상학 논고』, 윤선구 옮김, 서울: 아카넷.

루크레티우스, 2011,『사물의 본성에 관하여』, 강대진 옮김, 서울: 아카넷.
리글, 알로이스, 2020,『조형예술의 역사적 문법』, 정유경 옮김, 서울: 갈무리.
리프킨, 제레미, 2005,『노동의 종말』, 이영호 옮김, 서울: 민음사.
마굴리스, 린·도리언 세이건, 2016,『생명이란 무엇인가?』, 김영 옮김, 서울: 리수.
마노비치, 레프, 2004,『뉴미디어의 언어』, 서정신 옮김, 서울: 생각의나무.
마쓰오 유타카, 2015,『인공지능과 딥러닝』, 박기원 옮김, 서울: 동아엠앤비.
마투라나, 바렐라, 2007(1984),『앎의 나무—인간 인지능력의 생물학적 뿌리』, 최호영 옮김, 서울: 갈무리.
매클루언, 마셜, 2003(1964),『미디어의 이해: 인간의 확장』, 김상호 옮김, 서울: 커뮤니케이션북스.
모라벡, 한스, 2011,『마음의 아이들』, 박우석 옮김, 서울: 김영사.
박지형, 2019,『스피노자의 거미: 자연에서 배우는 민주주의』, 서울: 이음.
백남준, 2010,『말에서 크리스토까지-백남준 총서 1』, 에디트 데커, 이르멜린 리비어 엮음, 임왕준 외 옮김, 용인: 백남준아트센터.
벤야민, 발터, 2007,「기술복제시대의 예술작품」(제2판),『기술복제시대의 예술작품 외』, 최성만 옮김, 서울: 도서출판 길.
벤야민, 발터, 2010,「보들레르의 몇 가지 모티프에 관하여」,『보들레르의 작품에 나타난 제2제정기의 파리 외』, 김영옥, 황현산 옮김, 서울: 도서출판 길.
브라이도티, 로지, 2015,『포스트휴먼』, 이경란 옮김, 서울: 아카넷.
브람웰, 안나, 2012,『생태학의 역사』, 김지영 옮김, 파주: 살림.
브린욜프슨, 에릭·앤드루 매카피, 2013(2011),『기계와의 경쟁』, 정지훈, 류현정 옮김, 서울: 틔움.
브린욜프슨, 에릭·앤드루 맥아피, 2014(2014),『제2의 기계시대』, 이한음 옮김, 서울: 청림출판.
샤이너, 래리, 2015,『순수예술의 발명』, 조주연 옮김, 고양: 인간의 기쁨.
쇼펜하우어, 2010,『충족이유율의 네 겹의 뿌리에 관하여』, 김미영 옮김, 파주: 나남.

쇼펜하우어, 2019, 『의지와 표상으로서의 세계』, 홍성광 옮김, 서울: 을유문화사.
슬로터다이크, 페터, 2004(1999), 『인간 농장을 위한 규칙』, 이진우 옮김, 파주: 한길사.
시몽동, 질베르, 2011, 『기술적 대상들의 존재 양식에 관하여』, 김재희 옮김, 서울: 그린비.
시몽동, 질베르, 2017, 『형태와 정보 개념에 비추어 본 개체화』, 황수영 옮김, 서울: 그린비.
심혜련, 2012, 『20세기의 매체철학』, 서울: 그린비.
아감벤, 조르조, 2008(1995), 『호모 사케르』, 박진우 옮김, 서울: 새물결.
아시모프, 아이작, 2008, 『과학소설 창작백과』, 김선형 옮김, 서울: 오멜라스.
위너, 노버트 2011(1950), 『인간의 인간적 활용: 사이버네틱스와 사회』, 이희은, 김재영 옮김, 서울: 텍스트.
윅스퀼, 야콥 폰, 2012, 『동물들의 세계와 인간의 세계』, 정지은 옮김, 서울: 도서출판b.
이성복, 1993, 「겨울 비가」, 『문학과 사회』, 1993년 여름호.
이찬웅, 2020, 『들뢰즈, 괴물의 사유』, 서울: 이학사.
정헌이, 2007, 「백남준의 선(禪)적 시간」, 『미술사학보』 28집.
칸트, 2009, 『판단력비판』, 백종현 옮김, 서울: 아카넷.
켈리, 케빈, 2005(1995), 『통제 불능』, 이충호, 임지원 옮김, 파주: 김영사.
콘, 에두아르도, 2018(2013), 『숲은 생각한다』, 차은정 옮김, 서울: 사월의책.
크럼프, 마티 2010, 『감춰진 생물들의 치명적 사생활』, 유자화 옮김, 서울: 타임북스.
타샹, 자크, 2019, 『나무처럼 생각하기』, 구영옥 옮김, 서울: 더숲.
톰슨, 에반, 2016(2007), 『생명 속의 마음 — 생물학, 현상학, 심리과학』, 박인성 옮김, 서울: 도서출판b.
푸코, 미셸, 2007(2001), 『주체의 해석학』, 심세광 옮김, 서울: 동문선.
푸코, 미셸, 2012(1966), 『말과 사물』, 이규현 옮김, 서울: 민음사.
프로이트, 2003, 「레오나르도 다 빈치의 유년의 기억」, 『예술, 문학, 정신분석』, 정장진 옮김, 서울: 열린책들.
플라톤, 1997,『국가』, 박종현 역주, 서울: 서광사.
플라톤, 2008,『파이드로스』, 조대호 옮김, 서울: 문예출판사.
플루서, 빌렘, 2001,『코무니콜로기』, 김성재 옮김, 서울: 커뮤니케이션북스.
플루서, 빌렘, 2004,『피상성 예찬: 매체 현상학을 위하여』, 김성재 옮김, 서울: 커뮤니케이션북스.
피터스, 존 더럼, 2018(2015),『자연과 미디어』, 이희은 옮김, 서울: 컬처룩.
하이데거, 2005(1949),「휴머니즘 서간」,『이정표』, 이선일 옮김, 파주: 한길사.
하이데거, 2008,『강연과 논문』, 이기상 외 옮김, 서울: 이학사.
헤어브레히터, 슈테판, 2012,『포스트휴머니즘』, 김연순, 김응준 옮김, 서울: 성균관대학교 출판부.
헤일스, 캐서린, 2013,『우리는 어떻게 포스트휴먼이 되었는가』, 허진 옮김, 서울: 플래닛.
헤일즈, 캐서린, 2016,『나의 어머니는 컴퓨터였다』, 이경란, 송은주 옮김, 서울: 아카넷.
황벽, 2009,『전심법요·완등록 연구』, 정유진 편역, 서울: 경서원.
Aristote, 1956, *Les parties des animaux*, trad. P. Louis, Paris: Les Belles Lettres.
Bakhshi, Hasan, Carl Benedikt Frey, Michael Osborne, 2015, "Creativity vs. Robots: The Creative Economy and the Future of Employment", Report published by NESTA (an independent charity, formerly National Endowment for Science, Technology and the Arts), London: Nesta.
Benner, Steven, 2010, "Life after the synthetic cell: synthesis drives innovation", *Nature* 465, 2010 May 27.
Braidotti, Rosi, 2013, *The Posthuman*, Cambridge: Polity.
Carrozzini, Giovanni, 2011, "Esthétique et techno-esthétique chez Simondon", *Cahiers Simondon*, no. 3: 51-70, Paris: L'Harmattan.
Deleuze, Gilles et Claire Parnet, 1977, *Dialogues*, Paris: Flammarion.
Deleuze, Gilles et Félix Guattari, 1972, *L'Anti-OEdipe*, Paris: Minuit.
Deleuze, Gilles et Félix Guattari, 1980, *Mille Plateaux*, Paris: Minuit.

Deleuze, Gilles, 1983, *Cinéma I. L'image-mouvement*, Paris: Minuit.

Duhem, Ludovic, 2008, "Simondon et la question esthétique", *revue Il Protagora*, no. 12: 369-378.

Duhem, Ludovic, 2019, "Simondon et la techno-esthétique", Internet site: Implications Philosophiques, 2019년 2월.

Flusser, Vilém, 1995, *Lob der Oberflächlichkeit: Für eine Phänomenologie der Medien*, Braunschweig: Bollmann Verlag GmbH.

Flusser, Vilém, 2002, "Orders of Magnitude and Humanism", in (ed.) Andreas Strohl, *Writings*, Minnesota: University of Minnesota Press, pp. 160-164.

Foucault, Michel, 1966, *Les mots et les choses*, Paris: Gallimard.

Foucault, Michel, 1994, *Histoire de la sexualité, tome 1: La Volonté de la savoir*, Paris: Gallimard.

Hayles, N. Katherine, 2005, *My Mother Was a Computer: Digital Subjects and Literary Texts*, Chicago: The University of Chicago Press.

Hayles, N. Katherine, 1999, *How We Became Posthuman*, Chicago: The University of Chicago Press.

Herbrechter, Stefan, 2013, *Posthumanism: A Critical Analysis*, London: Bloomsbury Academic.

Jameson, Frederic, 1991, *Postmodernism or The Cultural Logic of Late Capitalism*, Durham: Duke University Press.

Leroi-Gourhan, André, 1964, *Le geste et la parole, tome 1: Technique et Langage*, Paris: Albin Michel.

Maldiney, Henri, 1973, *Regard, Parole, Espace*, Paris: L'Age d'Homme.

Monod, Jacques, 1970, *Le hasard et la nécessité*, Paris: Seuil.

Moravec, Hans, 1988, *Mind Children: The Future of Robot and Human Intelligence*, Cambridge: Harvard University Press.

Pichot, André, 2004, *Histoire de la notion de vie*, Paris: Gallimard.

Rifkin, Jeremy, 2004, *The End of Work*, New York: Tarcher(2nd ed).

Simondon, Gilbert, 1989(1958; 1969), *Du mode d'existence des objets techniques*, Paris: Aubier.

Simondon, Gilbert, 2005, *L'individuation à la lumière des notions de forme et d'information*, Grenoble: Millon.

Simondon, Gilbert, 2014, "Réflexions sur la techno-esthétique", in *Sur la technique*, Paris: PUF.

Webb, Richard, 2011, "Nothingness: Computers are powered by holes", *New Scientist*, Issue 2839, 19 Nov.: 46–50.

# 찾아보기

**사항**

**ㄱ**

가르비 고가교  152-153
가이아  34
개체화  132-133, 170-173
게수탈트  139-140
계몽(주의)  106, 194-195, 198, 201
계산적 우주론  122
고전주의  113, 120, 126
공진화  58
구성적 개념/구제적 개념  79-80
글쓰기  76, 123, 179, 202, 230
기계권  72, 96
기계론  10-13, 30-32, 47, 50, 62, 78-80, 36, 99, 126, 169

기계주의  115
기술 애호  72
기술 혐오  72
기술미학  18, 145, 149, 153-155, 160, 164, 168, 170, 173
기술철학(자)  18, 25, 133, 135
기하학  11, 171, 188
기호  27, 63-66, 71, 89, 117
기호학/기호계  50, 63-65
기흔  62, 64, 68, 133, 179-180, 195-197

**ㄴ**

낭만주의(자)  31, 118, 145, 232
네오다다(이즘)  205-205
니힐리즘  191, 193

찾아보기  247

## ㄷ

도상  64-65
동물-되기  57, 59, 73
동물행동학  9, 13, 38, 46, 50, 57, 64, 66, 159

## ㄹ

로봇 테이  98
로봇 페퍼  74-75
롱샹 성당  150-151
르네상스  113, 171, 180

## ㅁ

「만물 조응」  52
모더니즘  23, 56, 111, 113
모양  136-141, 143-144, 147, 150, 152
목적론  10, 13, 31, 37, 80, 85, 99, 138, 159-160
문화 제국주의  215, 217
물리학(자)  11, 29, 99, 122, 192, 199, 226-227

## ㅂ

바탕  136-141, 143-144, 147, 152
배치  38, 96, 109, 222-223
범죄학  195
변환  147-148, 214, 217
분열증  218-221, 223, 225
분자생물학  34, 85

## ㅂ

비디오아트  205, 209, 215, 217, 221-222, 224
비비시스템  96
비오스  66-67, 71
비트-표면  196

## ㅅ

사이버네틱스  10, 34-35, 97, 99, 108, 175, 206-207
4차 산업혁명  117
상징  38, 52, 64-65, 71, 132, 143, 161, 170
상징주의(자)  52, 56
생명권  34, 72, 96
생명정치  67-69
생태정치  69
생태학  25-26, 31, 45-52, 57, 64, 66, 92, 100
선불교  206-207, 223-224
세계시민주의  222
시냅스  198
식별 불가능성  17, 58
신호  27, 46, 206, 224
실용주의  190, 194

## ㅇ

아우라  53-54
아페이론  170
안티 휴머니즘  111-112
알파고  98, 228-229

애니미즘  27-28, 31-32, 94
야만주의  200-201
양자역학  133, 192
에스테티크/미학/감성론/아이스
    테시스  18, 131-135, 137,
    142, 144-149, 153-156, 158,
    160, 162-165, 167-170, 172-
    173, 187, 193, 201, 236
에코-테크네  25, 70
에피스테메  112, 125-126
엔트로피  35, 120
역동론  27, 32
예술 의지  234-235
오실로스코프  156
욕망하는 기계  115
위상변이  141-143
유기체론  27, 31-32, 50, 62
유물론  109-110, 192
은유  17, 57, 76-77, 83-84, 88-
    92, 94, 99, 123, 213
음의 피드백/네거티브 피드백  35,
    97
이접적 종합  16-17
인간의 죽음  24, 104, 111, 113
인간중심주의  63, 68-69
인공지능  16, 76, 95, 98-99, 117,
    125, 195, 232-235
인류세  24, 109

ㅈ

정동  36-38, 45-46, 57-60, 72,
    220
조어  60, 66-67, 69, 71
주체  15, 36, 73, 88, 103, 108,
    110-111, 138, 140, 143-144,
    147, 167, 169, 194-197, 215,
    220, 235
지리미학  145
지표  64-65
진화론  10, 12-16, 37, 45, 47-
    48, 57, 59, 80, 85, 92, 95, 97,
    105-106
질료형상설  28, 133, 138

ㅊ

차이  11, 14-15, 31, 36-37, 51, 77,
    83, 87-90, 98, 166, 191, 199-
    200, 202-203, 213

ㅋ

코드  69, 76-77, 123-125, 214,
    217
크기 정도/자릿수  199-202, 204

ㅌ

테크네  42-44, 46, 55, 70, 72
트랜스휴머니즘  106

**ㅍ**

포스트휴먼   24, 102-105, 107-109, 112, 124-125
퐁피두센터   160-161
퓌시스   42-44
플럭서스   205, 209, 218, 223-224

**ㅎ**

합성 생물학   121
해체론   107, 109
행위 음악   205, 209
현상학   135, 139, 140, 170
현시 기술   150, 152
형상   11, 15, 19, 28, 36-37, 50, 59-60, 111, 132-133, 163, 211
휴머니즘   104, 107-108, 111-112, 177-180, 197-199, 201, 204

**ABC**

DNA   13, 19, 33-35, 114, 120-121
TV   40, 56, 72, 162-163, 180, 205, 209-210, 213-215, 217-219, 221-224

**인명**

**ㄱ**

갈릴레오   11
과타리, 펠릭스   18, 45, 57, 59-60, 72, 104, 115, 118, 220-221
굴드, 스티븐 제이   12

**ㄴ**

뉴턴   103, 172, 199, 226, 229
니체   32, 118, 131, 178-179, 191-193, 197, 200

**ㄷ**

다빈치, 레오나르도   12, 148, 221
다윈   10, 57, 80
데리다   76-77, 89-90, 107, 123-124, 149
데카르트   9, 11-12, 29-30, 78-79, 114
도킨스, 리처드   12, 57
들뢰즈, 질   16, 18, 36-39, 45-46, 57, 59-60, 67, 72, 104, 109, 115, 118, 163, 220-221, 227

**ㄹ**

라마르크   34, 120
라우션버그, 로버트   206
라이프니츠   79, 82-83, 94, 97
러브록   34

루크레티우스　73, 211-214, 216, 223
르루아구랑, 앙드레　41
르코르뷔지에　150-151
리글, 알로이스　234-235
리오타르　99

## ㅁ

마굴리스, 린　33, 35
마노비치, 레프　40
마투라나　85-37, 90
말디네, 앙리　140
맑스, 칼　118
매클루언, 마셜　39-41
메를로퐁티, 모리스　139
모라벡, 한스　105-106

## ㅂ

바슐라르, 가스통　112
백남준　18, 56 71, 205-224
베르그손　12, 15, 53, 118
베르나드스키　34
베르토프, 지가　101
벤야민, 발터　40, 52-57, 72
보들레르　52, 57, 213-214
뷰캐넌, 앨런　106
브라이도티, 로지　67-68, 109
브룩스, 로드니　93

## ㅅ

셰익스피어　103
손정의　74-75
쇼펜하우어　7, 32, 229
슈뢰딩거　120
스토아학파　73
슬로터다이크, 페터　177-180
시몽동, 질베르　18, 131-175

## ㅇ

아감벤, 조르조　66-67
아리스토텔레스　9, 11, 28-29, 36, 38, 67, 79, 97, 118, 133, 138, 159
아시모프, 아이작　229-231
아인슈타인　199
에펠, 귀스타브　150, 152
엡스탱, 장　163
예이젠시테인　221
왓슨, 제임스　120
위너, 노버트　35-36
윅스퀼, 야코프 폰　46, 64
유클리드　11
이세돌　228

## ㅈ

제임슨, 프레드릭　219

## ㅋ

카프카　38

칸트 8-9, 31, 44, 69, 79-83, 96, 131-134, 159, 164-170, 172, 227
칼더, 알렉산더 161
캉길렘, 조르주 112, 119
커즈와일, 레이몬즈 106
케이지, 존 206-208
켈리, 케빈 34, 93, 95-97
콘, 에두아르도 64-65
크릭, 프랜시스 120
클레, 파울 140-141

**ㅍ**

파솔리니 221
퍼스, 찰스 64-65
포퍼, 칼 15
푸코, 미셸 18, 24, 67-68, 104, 111-115, 118-119, 124
프랑켄슈타인 박사 94
프로이트 221
프로타고라스 201, 204
프루스트 39, 52
플라톤 8, 11, 27-28, 49, 76, 132, 158-159, 178-179, 211
플루서, 빌렘 18, 40, 103, 176-204
피타고라스 11
피터스, 존 더럼 42-43, 45

**ㅎ**

하버마스 105
하위징아 118
하이데거 9, 44, 51, 55, 178-179
하이젠베르크 192, 210
헤어브레히터, 슈테판 108
헤일스, 캐서린 76, 106-108, 122-124
헤켈, 에른스트 47
호라티우스 171
호메로스 172
후쿠야마, 프랜시스 105